NATIONAL GEOGRAPHIC KiDS

美国国家地理

超级专家

海豚

[美] 詹妮弗·斯旺森　　[美] 贾丝廷·杰克逊-里基茨 著

郭　筝 译

中国纺织出版社　| 国家一级出版社
全国百佳图书出版单位

目 录

第二章
认识海豚的身体构造 33

第一章
认识海豚 9

第三章

海豚的世界 **59**

第四章

海豚与人类 **85**

贾丝廷·杰克逊—里基茨

两只伊豚跃出水面。

前　言

大家好！我叫贾丝廷·杰克逊-里基茨，是一名海洋生物学家。我非常喜欢海豚！海豚是地球上最聪明的水生动物之一，它们知道如何寻找乐趣。海豚喜欢成群结队地在海洋中游弋、跳跃、潜水和嬉戏，脸上总是挂着神秘的笑容。它们是海洋世界里极富魅力的生灵。

我的研究对象是伊豚。伊豚是生活在东南亚海域的一种哺乳动物，现已濒临灭绝。我主要研究泰国湾中的伊豚，研究领域为"群落生态学"，也就是动植物之间以及动植物与环境之间如何相互影响。我希望弄清楚这些海豚的活动范围和饮食结构。

我首先调查的是伊豚吃什么。研究方法是分析搁浅的海豚，也就是被冲到岸边的海豚。我从它们的皮肤和牙齿上采集样本，通过实验分析其中的化学物质。化学物质的种类能够反映海豚吃了什么食物。通过观察海豚出没的位置以及当地的温度和水深等环境要素，我就可以绘制它们的栖息地图。

为了拯救这些海豚，我还需要了解它们与人类如何互动。人类已经在泰国湾附近生活了几百年。他们出海捕鱼，发展航运。海湾对人类的重要性并不亚于对海豚的重要性！因此，我们需要深入了解人类和海豚的活动范围及相互影响。

为此，我绘制了人类在海湾中的活动区域图，将它与海豚栖息地图进行比较，观察人类活动对海豚栖息地的影响，确定两张地图的重叠之处。海豚喜欢在船只往来频繁的地方生活和捕食（在这里可能更容易获取食物），还是试图避开人类？大量的船只活动是否破坏了海豚的栖息地，使其数量减少？

弄清楚这些问题具有重要意义。地方政府将基于这些信息决定船只可以去哪里、不能去哪里。也许政府还会制定法律以减少该地区船只的数量。也许他们会保护海豚的栖息地，禁止人类进入。无论如何，加深对这些奇妙生物的了解，都能让更多的人关注它们。

这些行动有助于伊豚繁衍生息。这就是我作为一名海洋生物学家的目标：尽我所能开展研究，保护水生生物。我希望改善这些动物的处境。你也有同样的愿望吧？那么，让我们开启阅读之旅，一起探索海洋、认识海豚吧！

——美国国家地理探险家
贾丝廷·杰克逊-里基茨

跟宽吻海豚
打个招呼！

第一章
认识海豚

我为什么要研究海豚？

我在美国弗吉尼亚州山区的一个小乡村长大，那里林木茂盛，几乎看不到大片的水域。对我来说，大海是一个遥远而迷人的世界。

贾丝廷·杰克逊—里基茨

我如饥似渴地阅读有关海豚的书籍，观看以它们为主角的自然纪实节目。这些聪明活泼的生灵所栖息的海洋，与我家后面苍翠的山峦和峡谷截然不同。

我第一次近距离观察海豚，是在全家去海洋世界游玩的时候。表演结束后，我们去后台看了海豚。这是一次神奇的经历，让我希望更深入地了解它们。

高中的时候，我参加了迈阿密大学的海洋科学暑期课程，学习地质学、海洋环境和珊瑚鉴别。我甚至尝试做了一个关于鱼类的小型研究项目。在大学里，我学习了很多与生命科学相关的课程。一年级结束的那个夏天，我得到了前往海豚自然栖息地进行研究的机会。实习期间，我作为野外调查助手，在佛罗里达群岛附近的海域观察宽吻海豚。这比小时候在后台看到它们更令人兴奋！我在海豚的王国，努力了解它们在野外环境中的行为习惯。

从那以后，做一名海洋生物学家成为我最大的梦想。野外调查也让我看到了不同的海洋生物。我开始研究海洋生态系统。我对海豚的关注逐渐转移到其他方面，因为大家似乎都在研究海豚，我没有找到属于自己的切入点。然而事实证明，我与海豚的缘分并未结束。我在一次会议上遇到了一位女士，后来她成为我的导师。当时她正在泰国开展有关伊豚的研究项目，她询问我是否有兴趣研究伊豚栖息地。那个迷恋海豚的五岁小孩还在，所以我无法说不。

友好的海豚前来一探究竟。

我大部分时间都待在**海上**，观察**野生海豚**的行为习惯。

在水族馆的海洋哺乳动物馆里，一群海豚正在进行表演。

海豚
一生都生活在水中。

它们长着鳍和强壮的尾巴。你一定会问，海豚是不是属于鱼类？答案是否定的！

海豚像我们一样，属于哺乳动物。所有的哺乳动物都具有以下几个特征。首先，哺乳动物体温恒定，能够调节自己的体温。人类通过出汗做到这一点。海豚没有汗腺，所以它们通过其他方式调节体温。海豚具有特殊的脂肪层，因此它们在冰冷的海水中也能保持体温。

其次，哺乳动物是脊椎动物，也就是说它们具有脊骨。海豚靠坚硬的脊骨支撑躯体和头部。脊骨能够弯曲，因而海豚游泳时，尾巴可以轻松地上下摆动。鱼通过左右摆动尾巴来游泳，而海豚则是上下摆尾，用力击水以获得前进的动力，因此它们游动的速度比鱼类要快得多。

哺乳动物的另一个特征是体表被毛。等等——海豚看起来并没有毛！如果你见过海豚，你应该知道，它们的身体非常光滑，这样它们在水中游动时才不会受到太大的阻力。如果你抚摸海豚，会感到柔软而湿滑。尽管如此，作为哺乳动物，海豚的体表确实长着毛发，而且40多种海豚无一例外。

不过，海豚并不是一直都长着毛发。海豚宝宝在母体子宫里发育期间，鼻子周围会

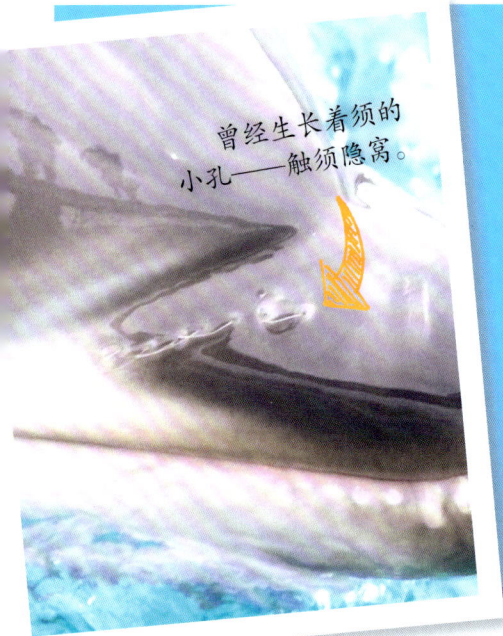

曾经生长着须的小孔——触须隐窝。

能感知电场的触须隐窝

海豚很小的时候，须就脱落了，但遗留下的可不是普通的毛孔。它们被称为触须隐窝。这些特殊的毛孔看起来跟人皮肤上的毛孔相似。然而与人类不同的是，海豚的触须隐窝可以感知电场。没错，它们可以"感觉到"其他生物释放的微弱电脉冲。科学家认为海豚能利用这种能力寻找猎物。其中的原理是什么呢？毛孔底部的神经末梢具有特殊的蛋白质和细胞，能够感知电脉冲，然后将信号传送到脑部，这样海豚就知道了猎物的位置。海豚还能通过回声定位，也就是通过反射的声波判断物体的方位。海豚是目前已知的第一种能感知电场的哺乳动物。在黑暗或浑浊的水域，动物难以通过视觉或听觉寻找猎物，这时感知电场的能力就能发挥巨大的作用。

长出细小的须。刚出生不久的小海豚也有须。然而随着小海豚不停地游动，须就在水流的作用下脱落了，以后也不会重新长出来。如果你仔细观察海豚，可能会看到过去长须的地方还有小孔。

鱼用头部两侧的鳃进行呼吸。鳃部具有很多狭缝，水中的氧气由此进入鱼的体内。海豚则像人一样呼吸空气。它们的头顶上有个小孔，名叫呼吸孔。海豚浮到水面，通过呼吸孔吸入空气中的氧气。

鱼会产卵，而海豚则像其他哺乳动物一样是胎生，用乳汁哺育幼崽长大。刚出生的小海豚无法独立生活，需要妈妈的照顾。小海豚通常与妈妈一起生活三至六年。在这期间，海豚妈妈教小海豚捕食，躲避危险，带领小海豚熟悉栖息环境。小海豚发育成熟后，就会离开妈妈，与其他年轻的海豚共同生活。

海豚家族

海豚属于鲸目哺乳动物。这一类哺乳动物生活在海洋、河流和湖泊等水域中。目前已知的鲸目动物有90多种，包括海豚和鲸等。鲸目动物已经在地球上生活了几百万年，不过它们的样貌并非一直如此。事实上，科学家认为鲸和海豚的祖先长着腿，而且能在陆地上行走！今天的鲸和海豚与鹿等有蹄类动物有着远亲关系。可是，巨大的蓝鲸怎么会与森林里的小鹿有关系呢？

大约5000万年以前，鲸和海豚的祖先印多霍斯兽的个头只有浣熊那么大。化石表明，印多霍斯兽体型虽小，四肢骨骼的外层

你看到气泡了吗？海豚通过头顶的呼吸孔进行呼吸。

海豚通过呼吸孔进行呼吸，**胎生**，游泳时上下摆尾，具有特殊的**脂肪层**。

海豚和鱼

鱼用鳃呼吸，**卵生**，游泳时左右摆尾，具有**鳞片**。

虹鳟等鱼类用头部两侧的鳃呼吸。

却非常厚。这样的结构增加了骨骼的重量，使它能潜入水底而非总是浮在水面上，有助于躲避天敌。鲸和海豚的骨骼也有相同的特征。科学家认为印多霍斯兽是水生动物，因为这种动物牙齿中含有的化学元素表明，它在进食的同时也吞咽了水。

接下来是巴基鲸。它像印多霍斯兽一样是小型有蹄类动物，体型与狼相近，能在陆地上行走，然而科学家却称它是"第一种鲸"。印多霍斯兽是食草动物，巴基鲸与之不同，它是食肉动物，拥有长长的颅骨。它吃肉的方式可能与现在的鲸相同。科学家还在巴基鲸化石中发现了它与现在的鲸有直接关系的证据：巴基鲸的耳骨具有鲸所独有

的特征。

那么鲸和海豚祖先的蹄是如何变成鳍的呢？随着时间的演变，巴基鲸的后代在淡水或海水中生活的时间越来越长。为了适应水生环境，它们的四肢变短加粗，就像船桨一样。它们的身体变得更长，还长出了尾巴。最终，龙王鲸等演化分支的腿完全被鳍状肢所取代。

龙王鲸的拉丁文名字是"*Basilosaurus*"，意思是"帝王蜥"。它生活在4000万至3400万年前。这种远古的鲸体长12至20米，是当时最大的动物。它的尾鳍和脊骨与现在的鲸很相似，可能完全生活在

龙王鲸是生活在新生代时期的海洋哺乳动物。新生代是哺乳动物的时代。

"第一种鲸"——巴基鲸的颅骨。

生活在3400多万年前的矛齿鲸。

水中。龙王鲸的后肢非常短小，实际上可能只存在于体内，是这种动物由陆地转向海洋中生活时所遗留下来的结构。事实上，时至今日，有的鲸骨盆旁边也会有微小的杆状骨骼，科学家认为这相当于鲸的祖先的后肢。

龙王鲸之后又出现了两类鲸：须鲸和齿鲸。它们都属于鲸目动物。

初识鲸目动物

科学家将鲸目动物分为两类：齿鲸和须鲸。海豚和鼠海豚以及逆戟鲸、抹香鲸、剑吻鲸、白鲸、独角鲸和淡水豚等都属于齿鲸。齿鲸的种类超过73种。须鲸则包括11个不同的物种，例如小露脊鲸和蓝鲸。说到鲸和海豚，你只需要记住一点：所有的海豚都是鲸，但鲸并不都是海豚。

生活在5000多万年前的走鲸。

天花板上的鲸

你想一睹"龙王鲸"的真容吗？

如果你有机会前往美国华盛顿特区，参观史密森尼国家自然历史博物馆，那你一定要去海洋厅。抬头仰望，你将看到龙王鲸巨大的骨骼标本。它由在美国阿拉巴马州、阿肯色州和密西西比州发现的几头龙王鲸的骸骨拼成。阿拉巴马州的龙王鲸骨骼化石数量庞大，当地的农民甚至曾用它们和石块一起砌墙！最终，科学家收集了足够多的骨骼化石，拼出一副完整的骨骼标本。龙王鲸骨骼标本于1894年在亚特兰大展览会上首次亮相，1912年移至史密森尼博物馆展出，后来一直保存在那里。时间的流逝并未在龙王鲸优雅的身体弧线上留下任何痕迹。

龙王鲸骨骼化石数量庞大，当地的农民甚至曾用它们和石块一起砌墙！

系统树

生物可以分为几个大类。每一类生物又可以根据成员的相似程度划分为更小的类别。在这棵系统树上，海豚的位置在哪里？让我们看看宽吻海豚归属的类别吧。

宽吻海豚。

界：动物界

门：脊索动物门

纲：哺乳纲

目：鲸目

亚目：齿鲸亚目

科：海豚科

属：宽吻海豚属

种：宽吻海豚

所有的**海豚**都属于**鲸**，但**鲸**并不都是海豚。

有牙齿？那就加入我们吧！

不用看鲸的嘴巴，你也能分辨出齿鲸和须鲸。齿鲸的头顶上只有一个呼吸孔，而须鲸有两个。齿鲸有牙齿，但只用来捕捉猎物，而非咀嚼食物。须鲸没有牙齿，但有能够活动的薄片状结构，由角蛋白构成。角蛋白也是人类指甲的主要成分。

须鲸进食时张大嘴巴，小鱼或浮游生物（微小的动物和植物）就随着海水一起进入口腔，随后嘴巴闭合，海水经由薄片状结构流出。这个结构起到过滤的作用：挡住食物，仅让海水流出。

齿鲸用牙齿捕猎，但不用它咀嚼食物。齿鲸总是把猎物整个吞进肚子。齿鲸喜欢群居生活。一个鲸群一般有2至40头鲸。规模更大的"超级鲸群"则有多达1000个成员。这样庞大的鲸群中可能还包括多

逆戟鲸又名虎鲸，属于海豚科。

抹香鲸是体型最大的齿鲸。

种海豚或鼠海豚。鲸群中一般既有雄性也有雌性，但也可能仅由雌性和它们的孩子组成，甚至只有雄性——不过这种情况较为少见。雄性齿鲸的体型一般比雌性大。齿鲸通过回声定位。有些种类甚至能感知鱼等运动的动物产生的电流，由此判断猎物的位置。

独来独往的须鲸

须鲸是鲸目动物一个较小的分支。须鲸仅有11个物种，数量远少于齿鲸。须鲸的体型比齿鲸大得多，包括长须鲸、座头鲸和蓝鲸等。蓝鲸可是地球上最大的动物。须鲸体型虽大，但你却很难看到它们的身影。这是为什么呢？因为须鲸只有浮到水面上来呼吸时，人们才能看到它们。可是须鲸浮出水面的时间不足20%，超过80%的时间都待在水下。

齿鲸喜欢结伴而行，须鲸则倾向于单独行动，或

是在繁殖或迁徙期间暂时结为小规模的鲸群。雄性须鲸的体型一般比雌性要小。雌性须鲸与幼鲸的关系非常亲密。幼鲸与妈妈共同生活的时间长达一年，在此期间，妈妈哺育幼鲸并教会它如何生存。人们对这些神奇的动物知之甚少，因为科学家很难观测到它们、追踪它们的轨迹。

海豚的种类

尽管海豚属于齿鲸类动物，但它们构成单独的一个科。一说到"海豚"，很多人立

须鲸口中没有牙齿，但有薄片状结构。

亚马孙河豚体表为粉红色，非常容易辨识。

生活在香港附近的两只中华白海豚双双跃出水面。

刻就会想起宽吻海豚的模样。这是为什么呢？因为我们在水族馆和水生动物表演中见到的大多都是宽吻海豚。它们拥有颀长光滑的身体、小巧的鳍和强壮的尾巴。呈现弧度的嘴巴和两只大眼睛让它们看起来似乎在微笑，你也情不自禁地要报之以微笑。然而海豚可不是只有宽吻海豚这一种。海豚科的物种超过37个，体型差异很大，既包括小巧玲珑的圭亚那白海豚，也包括巨大的逆戟鲸。此外，还有分属三个科的七种淡水豚生活在河流或河口地带。海豚种类的数目并非一成不变，因为科学家不断发现新的物种。

像图中这样粉红色的海豚多见于江河中。

淡水豚

淡水豚几乎都生活在河流和河口地带，特别是沿海地带半封闭的水体。很多淡水豚生活在南美洲和亚洲的河流中，包括亚马孙河、恒河、印度河、长江和湄公河。淡水豚包括七个物种，体型都比海豚要小，成年后也仅能达到2.4米。淡水豚与海豚体色相近，多为棕色、灰色或黑色，不过中华白海豚和亚马孙河豚是粉红色的。淡水豚生活的地方大多人口密集，这意味着它们与人类互动频繁。它们面临着各种各样的危险，例如被渔网困住，受到船只撞击，或水域被污染。由于栖息环境不断改变，很多淡水豚都面临着灭绝的危险。它们的数量已降低到令

鼠海豚"微笑"的幅度比较小。图中是一只生活在挪威沿海地区的鼠海豚。

人担忧的水平，特别是亚洲地区的淡水豚。

表亲鼠海豚

鼠海豚就像是海豚的表亲。它们同属海豚超科，但是鼠海豚看起来与典型的海豚差异很大。海豚长着大额头、长鼻子。鼠海豚的头部较小，鼻子也不长，而是又小又圆。鼠海豚的嘴巴也比海豚要小。它的牙齿是方形的，海豚的牙齿则末端尖锐。鼠海豚三角形的背鳍比较小，位于背部中央。鼠海豚沉默寡言，不像海豚喜欢用呼吸孔发出像哨声的声音。鼠海豚只有六个物种，所以它们的数量比海豚少得多。不过，这两类聪明绝顶的动物都有标志性的微笑。

笑一笑！这只鼠海豚笑容灿烂。

看看它是谁？

海豚的种类那么多，如何进行区分呢？你可以仔细观察颅骨的大小、形状和弯曲程度。别忘了再看看它们的鼻子。有些海豚的鼻子很长，有些海豚的鼻子却是圆滚滚的。这种海豚的背鳍可能呈弧形，那种海豚的背鳍却垂直向上。

不过，最科学的方法还是比较海豚的遗传信息，也就是DNA。每个生物体都有自己的DNA，指示体内的细胞如何生长，如何相互联系。简而言之，DNA就是生物体的说明手册。科学家通过研究海豚的DNA信息，就可以知道两只海豚之间最细微的差异，从而确定它们是否属于不同的物种。

认识伊豚

伊豚圆圆的大脑袋和近乎于没有的鼻子，让它看起来不像海豚，倒更像是白鲸。尽管如此，科学家认为伊豚可能与逆戟鲸有亲缘关系。伊豚体重一般为90至200千克，雄性比雌性更重。它们体长1.8至2.7米，比宽吻海豚要短。伊豚一般为深灰色或深蓝色，不过腹部为浅灰色。它们拥有又长又宽的鳍状肢和短短的背鳍。

伊豚多见于南亚和东南亚地区，生活在海洋或河流、河口的淡水中。这种海豚极易受到伤害，现在它们的数量不足7000只。

这种奇妙的动物非常害羞，不会主动接近人类。它们总是潜入深水中，每隔一至三分钟才会浮到水面进行呼吸，因此人们很难看到它们的身影。当它们浮出水面时，你可得睁大眼睛。它们只将脑袋露出水面，完成呼吸后，就迅速潜入水中。它们很少会像其他海豚那样拍打尾巴或者跳出水面。它们可以在水下屏住呼吸长达12分钟。

伊豚以鱼类、头足类动物和甲壳类动物为食。它们喜欢结群而居，成员一般为三至六只，不过人类也曾观察到30只伊豚构成的大群体。伊豚最大的威胁是人类。它们被人捕获加工成食物，或是意外地被渔网困住。由于航运、开矿和筑坝等活动日益频繁，红树林遭到砍伐，伊豚的栖息环境遭到严重破坏。

一只伊豚露出水面，这是难得一见的景象。

注意观察伊豚短小的背鳍。

短小的背鳍

短短的喙状突起

目前伊豚的数量不足7000只。

属于海豚家族的鲸

巨头鲸和逆戟鲸都属于海豚科，这是不是让你大吃一惊？很多人都会对此感到惊讶。毕竟，逆戟鲸的体重能达到5440千克，体长能超过九米，称得上是庞然大物。它们虽然体型庞大，游泳的速度却非常快，时速能达到48千米。有些人将逆戟鲸称为"虎鲸"，因为它们像老虎一样是食肉动物，捕食其他海豚和小型鲸类，不过它们并不攻击或捕食人类。事实上，现在还没有过野生逆戟鲸袭击人类的先例。如果遇到人类，逆戟鲸会离开或潜入深海以躲避人类。

一只短鳍巨头鲸在进行呼吸。

巨头鲸的体型比逆戟鲸略小，但与其他海豚相比仍然算得上庞然大物。它们长着圆圆的脑袋和鼻子，通常呈黑色或深灰色。巨头鲸体长一般为4.9至6.1米，重1.4至2.7吨。巨头鲸像其他海豚一样，非常聪明。美国海军的科学家曾训练了一只巨头鲸，让它潜入海底取回小物件。这只名叫摩根的巨头鲸，能通过回声定位确定海底一个微小蜂鸣器的位置，然后含在嘴中，送到指定的地点。这真是了不起！就算是你聪明的爱犬，也不能潜到488米深的地方叼回物品。巨头鲸喜欢群居生活。一个鲸群一般有20至90个成员。这些大家伙喜欢待在一起，即使是搁浅时也不例外。科学家还不知道巨头鲸为什

你知道吗？

- 刚出生的逆戟鲸体重就能达到181千克，体长约2.4米，这可算得上是巨婴！
- 逆戟鲸分辨不出气味。这是为什么呢？因为它们没有鼻子！事实上，它们的脑部甚至没有处理气味信号的结构。它们拥有视觉和听觉。
- 逆戟鲸跟海豚一样，可以睁着一只眼睛睡觉。这样它们就能让大脑的一半休息，另一半保持警惕。

逆戟鲸浮到水面上呼吸空气。

海豚的家在哪里？

地球上每一片水域中都生活着海豚和鲸。从最北端的北冰洋，到赤道附近温暖的热带海域，再到寒冷的南极，你都能看到海豚。当然，没有一种海豚遍布全球。每一种海豚都有自己喜欢的栖息地。有些海豚只生活在海洋中，有些海豚则分布在河口和河流的淡水里。伊豚、江豚和白海豚既能生活在海水中，也能生活在淡水中。

灰海豚主要分布在美国加利福尼亚州沿岸的蒙特雷湾和加拿大不列颠哥伦比亚省附近的北部水域。它们体型较大，喜欢温暖的地方，一般不会进入寒冷的水域。

北冰洋

北美洲

太平洋

蒙特雷湾

中华白海豚喜欢印度洋和太平洋温暖的热带水域。它们生活在靠近海岸的地方，喜欢在珊瑚礁和红树林附近游弋。

宽吻海豚分布在热带海洋和其他温暖的海域中。除了北冰洋外，几乎所有海域中都有它们的身影。

印度洋

大洋洲

太平洋

大西洋黑白海豚是生活在新西兰附近的小型海豚。它们喜欢沿海地带较浅的海域、河口及其附近水域。

北冰洋

逆戟鲸的栖息地几乎遍及所有大洋，不过它们最喜欢的还是寒冷的水域。逆戟鲸多见于太平洋西北部、挪威北部沿岸的大西洋和南极洲附近海域。

图 例
极地海域
温带海域
热带和亚热带海域

亚洲

大西洋

墨西哥湾

加勒比海

非洲

亚马孙河豚生活在温暖的亚马孙河中。它们喜欢水深较浅、水流湍急的河流，不介意河水是清澈还是浑浊。

亚马孙河

南美洲

大西洋

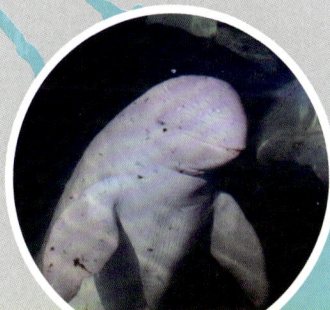

伊豚喜欢东南亚沿海地区。它们偏爱印度、泰国、柬埔寨和孟加拉国河口附近浑浊的水域。

印度洋

原海豚主要分布在温暖的热带海域。地中海、太平洋、大西洋、印度洋、加勒比海以及墨西哥湾北部的近岸与远海地区都能见到它们的身影。

南极洲

长嘴海豚出没的禁游区

长嘴海豚是最友好的海豚。它们喜欢群居生活，对周围的世界充满好奇。它们喜欢跳跃、潜水、游泳，甚至还会在水中翻转身体。长嘴海豚多见于美国夏威夷沿海地区。这种体型修长的小型海豚体长一般为1.8至2米，重59至77千克。白天，长嘴海豚喜欢在深海中游弋嬉戏。夜晚，它们喜欢在岛屿附近的水湾里休息。很多人觉得可以借此机会近距离欣赏这些神奇的生物。然而科学家担心这会使长嘴海豚无法获得所需的休息，从而改变它们的行为。此外，与人类频繁接触，有时会使长嘴海豚迁徙到新的海湾，但它们在那里可能会遇到捕食者。夏威夷长嘴海豚的数量不断减少，现在已有法律禁止人类干扰海豚。毕竟，它们需要睡眠。如果你每晚都被吵得睡不着，你会怎么样？你可能会变得有些暴躁。没人想遇到脾气暴躁的海豚吧？

一群长嘴海豚在美国夏威夷岛附近游弋。

么会搁浅在岸上，他们正在努力研究，防止这种现象发生。

海豚栖息地

栖息地是海豚游弋、捕食、繁殖和结群而居的地方。海豚需要不断迁徙，寻找最好的栖息地。迁移是海豚生活中的一件大事。秋冬季节，天气转冷时，它们可能需要迁移到温暖的水域。例如，大西洋宽吻海豚的栖息地北到美国马萨诸塞州的鳕鱼角，南至弗吉尼亚州沿岸。春季，马萨诸塞州沿海水温上升，它们就向北迁徙，秋季则游回南方。它们为什么要进行长途旅行呢？这不仅仅是为了寻找温度适宜的水域，也是为了食物！宽吻海豚主要以鱼类、头足类动物和甲壳类动物为食。如果某个海域食物充足、海水温暖，它们就会在此驻留。当然，它们也喜欢天敌较少的海域。海豚的天敌是指以它们为食物的动物。

在海洋中，海豚的天敌并不多。这是为什么呢？因为要抓住海豚可不容易。只有体型更大、更强壮的鲨鱼或逆戟鲸才会尝试捕食海豚。遇到天敌时，海豚会围成一圈，让弱小的同伴躲在中间。它们会猛烈攻击任何试图靠近的天敌。

你可能会认为，既然海豚天敌不多，那么它们可以去任何想去的地方。其实并非如此。海豚及其栖息地面临的最大危险来自人类，包括航运日趋繁忙，海豚的食物因人类过度捕捞或污染而减少。气候变化也开始影响海豚的栖息地。随着全球变暖，一些海域水温升高，另一些海域反而转冷。剧烈的水

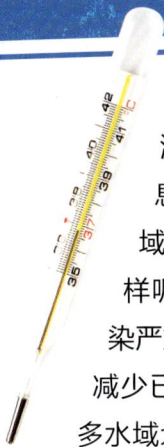

温变化促使海豚寻找温度适宜的新栖息地。一些过去生活着大群海豚的水域，现在变得空空荡荡。为什么会这样呢？海豚非常聪明，它们不会返回污染严重或食物匮乏的水域。海豚栖息地的减少已经引起人们的关注，管理部门将很多水域划为海豚保护区或禁猎区。这些区域的船只、捕鱼活动甚至污染都大幅减少或完全消失，给予海豚一个清洁的家园。

聪明的深海精灵

海豚是非常聪明的动物。它们似乎拥有复杂的社交关系，能够完成困难的任务，还能一下子就记住很多不同的东西。一般认为，海豚是少有的像人一样拥有解决问题能力的动物。这些特点使它们成为有趣的研究对象。为了研究海豚到底有多聪明，科学家为人工饲养的海豚设计游戏，观察它们的表现。例如，研究人员曾在一项实验中观察海豚是否理解"多"和"少"的区别。首先，研究人员向海豚展示了两块黑板。每块黑板上都有若干个白色圆点。他们训练海豚找出圆点较少的黑板。这项研究表明，海豚对数学具有一定的理解能力。在另一个研究项目中，科学家训练海豚理解物体的恒常性。他们给海豚展示一个物体，比如一个球，然后他们将球藏在木板后面。他们希望海豚明白，虽然球被遮挡起来，但并没有消失，它依然在木板后面。

研究人工饲养的海豚和野生海豚的行为也非常重要。如果我们了解它们的栖息地，知道它们生存所需的条件，弄清楚海豚如何相互合作，我们就能了解它们的社会结构。为什么要弄清楚这一点？因为如果我们知道海豚在某种环境中的行为特点，或许就能进一步了解它们与其他海洋生物的互动方式。这也有助于我们确定海豚在海洋生态系统中的作用，以及它们对

研究表明，海豚对数学具有一定的理解能力。

驯兽师与海豚进行圆点实验。

你一定不知道的冷知识！

海豚已经在地球上生活了数百万年。公元前312年的城市里就出现了海豚的形象。这可称得上年代久远了。

海豚的寿命能达到50岁。它们寿命的长短取决于很多因素，包括环境、天敌的数量和食物供应。

海豚吃东西时不用牙齿咀嚼。它们用牙齿捕鱼，然后囫囵吞下。它们甚至没有用于咀嚼的颚肌，所以，即使它们想咀嚼食物，也做不到。

海豚肺部呛进一小勺水，就可能导致死亡。海豚的肺与人类相似。如果人的肺部呛进两小勺水，就会溺亡；而一小勺水就足以导致海豚死亡。

海豚能够连续五天保持清醒状态。睡觉对海豚来说并不是件容易的事，因为睡着后它们就无法进行呼吸。海豚休息时，只有一半的大脑会停止活动，另一半大脑使它们继续呼吸并对周围的环境保持警惕。

海豚非常聪明，能认出自己在镜子里的形像。具备这种能力的动物并不多，包括：猩猩、黑猩猩、大猩猩、大象、逆戟鲸、倭黑猩猩、猕猴、喜鹊，当然还有人类。

海豚潜水时会屏住呼吸。海豚不能在水中呼吸。它们必须浮到水面上来呼吸空气。幸运的是，它们能屏住呼吸长达5到7分钟的时间。

海豚的呼吸孔实际上是它的鼻子。海豚的呼吸孔像人的鼻子一样，可以吸入氧气。只是，海豚的鼻子长在头顶上，这样更方便它们浮出水面时进行呼吸。

海豚的伤口愈合得很快。它们的组织具有再生能力，即使受伤严重，也能快速愈合。

享用大餐！一只海豚正在捕食。

研究动物的**食性**有助于**保护海洋**，使海洋更加**健康清洁**。

其他物种乃至地球的重要性。

保护海洋健康

地球上的每一片海域里都生活着海豚。因此，我们可以通过研究海豚，了解海洋环境的健康状况。研究人员把海豚称为"生物指标"，即衡量生态系统健康程度的生物。海豚位于食物链的顶端，天敌较少。如果某一个海域中有很多充满活力的海豚，就说明这片海域很可能环境良好，适于生物生长。这也意味着，这里污染较少，船只的影响很小，水温也非常适宜。

海豚生病、受伤或死亡，则可能表明海洋环境出了问题。因此，贾丝廷等研究人员密切关注着世界各地的海豚。他们研究海豚的尸体，弄清楚它是自然死亡还是受到了外部环境的影响。他们还捕捉生病的海豚，以确定疾病类型以及来源。这些信息不仅对海豚研究人员具有重要价值，对海洋专家和环保人士而言也弥足珍贵。科学家通过大量研究发现，如果海豚的免疫系统存在问题，它们就不能正常繁殖后代；如果它们罹患癌症，很可能是因为海水受到了污染。研究人员可以追踪污染源并加以处理。污染可能来

自农业、日常生活和工业污水，甚至是溢油。采取恰当的措施和有益于生态系统的行动，可以解决这些问题。

科学家还能通过海豚了解其他动物的健康状况。很多水生动物都生活在同一片水域，如果海豚生病了，那么其他动物可能也不健康。例如，海豚可能因为食用受到污染的鱼而死亡。科学家就会研究鱼为何会生病。它们是在哪里感染的？另外，人类也吃这种鱼吗？如果答案是肯定的，研究人员就向渔船和餐馆发出警示，建议不要再捕捞并出售这些鱼。所以，我们研究海豚也能帮助自己。

有趣的是，对人类而言有毒的鱼可能不会给海豚造成伤害。研究人员发现，海豚捕食含有雪卡毒素的鱼类。雪卡毒素对人类危害极大，会引起恶心、胃痛，甚至眩晕等心脏和神经系统的症状。虽然它一般不会致命，但引发的病症也非常严重。如果海豚捕食含有雪卡毒素的鱼，那么这种鱼被渔民捕获的可能性就会减少。一个秘鲁生态组织将

海豚称为"海洋卫生督察"。换句话说，海豚可以控制鱼类的数量，减小有害鱼类被人捕获的可能性，使海洋保持清洁！

保护海豚

海豚是地球上最迷人的海洋动物之一。它们拥有美丽的"微笑"、调皮的行为和聪明的大脑，因此观察海豚非常有趣。人类可以通过研究这些深海哺乳动物获得很多信息，而且这些信息不限于海豚本身。科学家研究海豚的饮食结构。饮食结构的改变可能意味着环境出现了问题。我们可以根据研究结果采取保护措施，使海洋保持清洁。海豚受伤能够提醒研究人员，某片海域可能发生了不同寻常甚至是非法的行为。海豚被鱼叉杀死意味着可能存在非法捕鱼或狩猎。（美国1972年颁布《海洋哺乳动物保护法案》，故意伤害海豚或在没有许可的情况下捕捉海豚属于违法行为。）参与这类活动的人将被逮捕，并面临罚款或监禁。

海豚在玩一段海草。

人类潜水所需的呼吸管和面罩。

海豚 深入了解

科学家研究海豚的目的各不相同。有些科学家想了解它们的智力、社交行为以及它们如何生活和繁殖。有些科学家想了解海豚的栖息地以及它们如何影响整个海洋。还有一些科学家希望通过研究海豚来保护海洋，减少人类对海洋生态系统的影响。

你想了解海豚的哪些知识？你会提出什么问题？你将如何寻找答案？

记录观测对科学研究至关重要。

我的海豚研究计划

我要解答的问题：

1. 海豚能下潜多深？
2. 海豚最喜欢的食物是什么？
3. 海豚喜欢生活在温暖的海域还是寒冷的海域？

我如何寻找答案？

1. 通过网络资源获取有趣的数据
2. 去图书馆借阅相关书籍
3. 请教海豚研究人员或海洋生物学家

海豚统计数据

栖息地：＿＿＿＿＿＿＿＿＿＿＿＿

天敌：＿＿＿＿＿＿＿＿＿＿＿＿

猎物：＿＿＿＿＿＿＿＿＿＿＿＿

一只真海豚跃出海面，准备下潜。

第二章

认识海豚的
身体构造

野外调查确实非常有趣，

但并不能让你一直保持兴奋状态。你可能每天都要在小船上待八小时，一刻不停地在开阔的水面上寻找海豚。

贾丝廷·杰克逊-里基茨

双筒望远镜能帮助你看清远方，但是由于它的视野很小，你可能反而会错过近在咫尺的景象。所以，大部分时间你要用肉眼进行观察。海浪摇晃着小船，也许会让你昏昏欲睡，感到十分疲倦。可是，你必须继续观察！我们要研究的伊豚背鳍非常小，要在水面上找到它可不是件容易的事。我们可以观察水面是否有波浪破碎的地方，幸运的话，我们还能看到伊豚拍打尾巴。

背鳍不易发现并不是我们面临的唯一难题。我们调查的海域内有三种海豚：伊豚、中华白海豚和江豚。中华白海豚很容易辨认，因为它们是粉红色的！伊豚和江豚都是灰色的，不过它们有一个明显的区别：江豚没有鳍。所以，如果我们看到灰色的背鳍，那它一定是伊豚！

我们继续观察海面。如果有人高喊："看到了！"大家就会立刻行动起来。有人大声报出路径点（准确的GPS位置，也就是我们所处的经度和纬度）。另一个人计算海豚与我们的距离，以及它们的运动方向与航线之间的角度（确保我们不会撞到它）。如果发现的是一群海豚，还要记录海豚的数量。我们使用环境探测器，测量水温、水的浊度（清澈或浑浊的程度）、海况（波涛汹涌还是水面平静）、水深（水的深度）、pH值和盐度（酸碱度和含盐量）。

如果我们一天之内能观测到四群海豚，那就称得上巨大的成功。通常情况下，我们在海上航行一整天，只能找到一群海豚，有时候甚至连一只都看不到。不过，我们对海豚栖息地的了解越深入，每天至少观测到一群伊豚的可能性就越大。

一只伊豚在水面上探出脑袋，留下转瞬即逝的微笑。

伊豚的背鳍非常小，因此很难在水面上观测到它们。

中华白海豚非常容易辨认，因为它们是粉红色的！

一只中华白海豚跃出水面。

说到**完美的海洋哺乳动物**，你会想到**海豚**吗？

你应该想到。海豚是天生的游泳健将。它们的身体呈流线型，体表非常光滑，鳍状肢和鳍都很灵活，尾巴大而有力，游泳速度在所有海洋生物中位居前列。

逆戟鲸的速度能达到55.5千米/小时。宽吻海豚的最高时速达38千米。

海豚为什么能游得这么快？

首先，它们的身体呈现完美的曲线，在水中游动时几乎不会受到阻力。打个比方可能会让你更容易理解。如果你在水中向前推动一个葡萄柚，你得使劲才行。在这个过程中，你会感到水给了你一个向后的力。这个力就叫做阻力。如果把葡萄柚换成香蕉，向后推你的阻力就会小得多。这是因为香蕉的体积小，呈流线型。另外，香蕉的横截面积小，水更容易从它的周围流过去。我们为什么要拿这两种水果来打比方呢？因为香蕉的外形与海豚类似。如果香蕉在水中受到的阻力小，那么海豚也是一样。

展示你的胸鳍

海豚擅长游泳，不仅是因为身体光滑，还离不开鳍的协同作用。海豚、鲸和鼠海豚都有五个鳍。不同的鳍相互配合，才能使海豚快速游动。

五个鳍中最引人注目的是胸鳍。胸鳍位

一只亚马孙河豚跃出水面，拍打着胸鳍。

海豚头部呈流线型，可以迅速地穿透水体。

于海豚的身体前端，左右两侧各有一个。海豚要停止游动、动身前行或是转弯，都离不开胸鳍。海豚不使用胸鳍提供推力、加速前进的时候，还可以借助它和背鳍保持平衡。胸鳍使海豚可以笔直地向前游动。

海豚所有的鳍中，只有胸鳍具有骨骼。胸鳍中的骨骼与人的胳膊和手掌中的骨骼相似。海豚有前肢骨，类似于人上臂中的肱骨。它们还有桡骨和尺骨，对应于人前臂中的骨骼。这些骨骼的连接处甚至还有半球状和窝状结构，就像你的肘部。"臂"骨的末端是指骨。每根指骨都由一些更小的骨头构成，就像你的手指一样。海豚为什么会有这些结构呢？海豚游泳并不需要手或手臂，鳍状肢更适于用来游泳。科学家认为，海豚过去在陆地上生活时具有手臂和手，这些结构在海豚进化的过程中保留了下来。

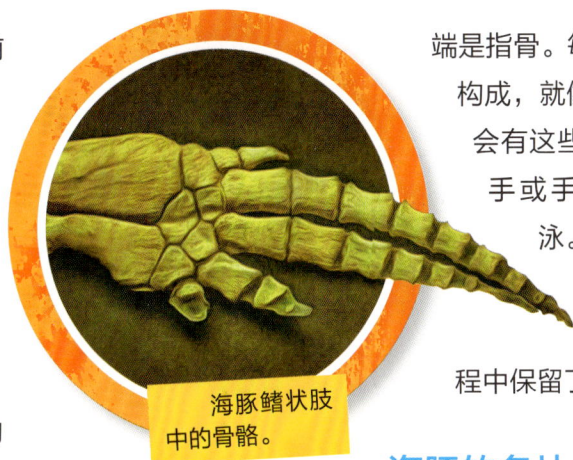

海豚鳍状肢中的骨骼。

海豚的名片

在海上最容易观测到的是海豚的背鳍。海豚的背鳍形状和大小各异。逆戟鲸的背鳍

海豚的所有鳍中，**只有胸鳍具有骨骼。**

逆戟鲸的胸鳍形似一支船桨。

近观点斑原海豚

呼吸孔

海豚通过头部后方的一个孔进行呼吸，这个孔叫做"呼吸孔"。海豚吸气和呼气的速度都很快，每次呼吸只需要三分之一秒。海豚呼气时，气体由呼吸孔以161千米/小时的速度喷出。

圆形突起

海豚前额处有一个圆圆的突起，内部富含脂肪。用于回声定位的声波就从这里发出。

喙状突起

海豚的口鼻部像鸟的喙一样向前突出。

牙齿

海豚总是将食物囫囵吞下。它们口中有250颗锥形利齿，用于捕鱼。

眼睛

海豚的两个眼球可以独立活动。比如说，它可以一只眼睛直视前方，另一只眼睛观察头顶的情况。你也可以试试，很难做到吧？

背鳍

背鳍帮助海豚在水中保持平衡。海豚的背鳍高度不一。逆戟鲸的背鳍能达到1.8米高！有些海豚的背鳍却非常小，看起来更像一个突起。

叶突

海豚强壮有力的尾鳍又称叶突，可以为海豚提供前进的动力。

尾柄

尾柄肌肉强壮的脊部增加了尾部力量，使海豚能够游得更快，还能跃出水面。

皮肤

海豚光滑的皮肤摸起来就像橡胶。它们的皮肤跟人的皮肤一样，对抚摸非常敏感。海豚的皮肤不断脱离再生，因而十分光滑。

耳朵

海豚的耳孔很不起眼，只有蜡笔尖那么大。然而，海豚却拥有动物王国里最敏锐的听觉。

胸鳍

海豚的胸鳍也叫鳍状肢。海豚通过胸鳍停止运动、向前行进或转向。

胸鳍

尾柄

叶突

背鳍

一群海豚跃出水面。

非常大,雄性逆戟鲸的背鳍高达1.8米,比一般的成年男性还要高。

雌性逆戟鲸的背鳍较小,只有0.9至1.2米高。大多数海豚的背鳍都位于背部中央,呈弧形。鼠海豚的背鳍较短,呈三角形。江豚等海豚的背鳍只是一个圆形的小突起。不过无论大小,所有海豚的背鳍都是由致密纤维结缔组织构成的,不包含骨骼、软骨或肌肉。这种组织使背鳍强壮有力又非常灵活。背鳍与胸鳍共同作用,使海豚在游泳时保持平衡。

背鳍最重要的功能之一是调节体温。背鳍中的血管紧贴皮肤。它们就像体温调节器,使海豚的体温保持恒定。海豚是恒温动物,或称温血动物,体温保持在36℃至37℃之间。如果它们体温过高,背鳍中的血管就会释放热量,降低体温。这与人通过出汗来散热十分相似。胸鳍和尾鳍里也有这样的体温调节器。海豚浮出水面或在接近水面的深度游泳时,热量就会通过鳍释放出来。

别忘了尾柄

尾柄是什么?它是海豚背部肌肉形成的脊线,从背鳍一直延伸到尾部,使海豚游泳时可以沿直线前进。不过它的主要功能是增加尾部的力量,使尾部保持平稳。它还使尾部能够用力击打水体,从而快速游动。如果没有尾柄,海豚游泳的速度可能会大大减慢。尾柄强壮的肌肉使海豚达到一定速度后,就可以跃出水面。看呢,海豚!

连连看

　　研究人员在野外调查时如何分辨海豚的种类？这并非易事。有时他们只能看到海豚露出水面的尾巴或背鳍，而且观察时间只有几秒钟。当船只经过时，海豚或鲸很少会跃出水面。那么，研究人员如何判断是哪种海豚呢？

　　秘诀在于鳍。宽吻海豚的背鳍呈弧形，鼠海豚的背鳍是三角形，而鲸的背鳍则比较小。不过最显著的区别在于细节。很多海豚的鳍上都有缺口，这是它们玩耍、打斗或抵御天敌时受伤所致。研究人员拍照记录并存储在观测日志中。日后他们发现海豚的时候，就将它鳍上的缺口与观测日志中的图片进行比对。听起来很容易？你不妨试一试，实际操作要困难得多。

你能看出这是哪种海豚的背鳍吗？
请将背鳍（标注字母的图片）与对应的海豚（标注数字的图片）连起来。

A

B

C

1

逆戟鲸

2

鼠海豚

3

宽吻海豚

答案：1 逆戟鲸 B；2 鼠海豚 C；3 宽吻海豚 A

模仿海豚

仔细观察水中的潜艇，你会联想起什么？经过伪装的海豚？没错！

它们都有修长的圆柱形身体，高高的背鳍，灵活的尾巴和胸鳍。潜艇的"背鳍"其实是潜望塔，"胸鳍"则是滑翔机，不过滑翔机并非总是位于潜艇的两侧。潜艇的舵和螺旋桨就像海豚的尾巴一样，提供前进的动力。人类是模仿海洋中的游泳健将设计了潜艇吗？没错，这种方法被称为"仿生"，即模仿动物的特征。这种方法非常有效。

潜艇的外形与海豚十分相似。

拍拍尾鳍！

海豚、鼠海豚或鲸最大的鳍是尾鳍。尾鳍分成两片，像扇子一样伸展。逆戟鲸的尾鳍宽2.7米（相当于篮筐距离地面的高度），典型的大西洋宽吻海豚的尾鳍则只有58.4厘米宽。尾鳍的长度约占动物体长的20%。所以，海洋哺乳动物的体型越大，尾鳍就越长！

肌肉发达的尾鳍外侧有个尖，有助于推动水体提供前进的动力。尖端上翘，使尾巴像杯子一样托起更多水，推动海豚以更快的速度游向水面。尖端向下，尾巴完全伸展开来，使海豚可以在水下自由滑翔。你可以把海豚的尾鳍想象成一只巨大的翅膀，就像鸟的翅膀一样，不过海豚的"翅膀"在水下而非空中拍打。尾鳍与背鳍一样，也是由纤维结缔组织构成，不含任何骨骼。

尾鳍的主要功能是提供推力，使海豚向前行进。海豚用尾部用力击水，在海洋深处快速游动，甚至跃出水面，在空中留下美丽的弧线。

海豚的皮肤

海豚的皮肤光滑柔软，富有弹性，而且像人的皮肤一样对触摸非常敏感。海豚的皮肤还具有防水性，它必须如此，因为海豚一生都生活在水中——海水或淡水。橡胶一样的皮肤使水无法渗透。为了使皮肤保持

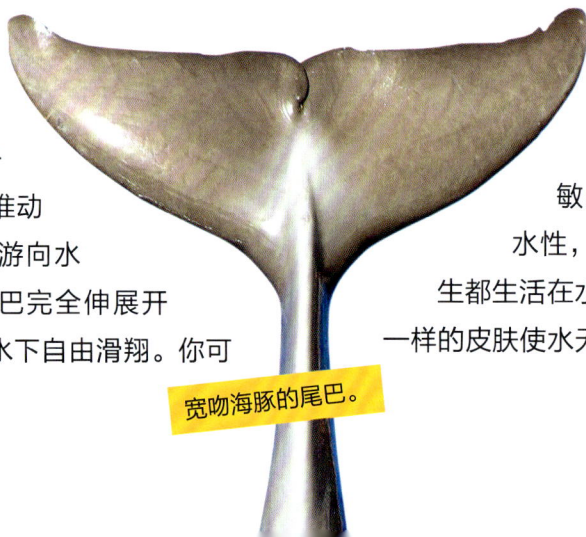
宽吻海豚的尾巴。

光滑、富有弹性，其中的细胞会不断脱落、再生。人的皮肤也是如此。宽吻海豚最外层的皮肤叫做表皮，每两个小时就会完全更换一次，速度非常快！事实上，这比人类皮肤细胞更替的速度快9倍。由于海豚的皮肤细胞更替迅速，因此它们不会长皱纹。皱纹没有时间形成。

海豚的皮肤虽然光滑，但表面也有很多微小的突起。这些突起名叫真皮嵴。它们极其微小，用肉眼几乎难以察觉。你得离海豚非常近，或者使用显微镜才能看到真皮嵴。这种结构有什么作用呢？它们把水分子固定在海豚的表皮上，使海豚更容易在水中滑翔。这是因为海豚皮肤上的水分子与周围的水体产生相对滑动，液体表面之间的阻力更小。如果没有这层水分子，海豚的皮肤作为固体在水中移动时就会受到较大的阻力，也就是摩擦力。听起来很巧妙吧？没错。事实上，一些潜水服制造商设计产品时就借鉴了这种构造。这样潜水员也可以像海豚一样在水下自由滑翔。要是我们还能像海豚那样跃出水面就好了！

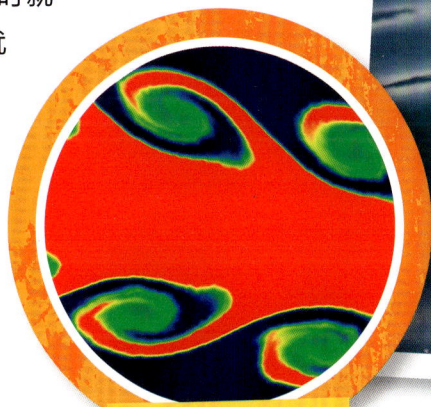

两层液体相对运动时产生的湍流。

脂肪层使宽吻海豚保持温暖。

脂肪层

海豚的皮肤不仅有助于减小运动时的阻力，还能帮助海豚保持体温。海豚、鲸和鼠海豚的皮肤中都有独特的绝热系统，即脂肪层。脂肪层的厚度为1.9至3.2厘米，约为大部分陆生动物的10至20倍。海豚的脂肪层为何这么厚？因为生活在冷水中的海豚需要厚厚的脂肪来保暖。脂肪层可以防止体内的热量散失，使身体维持适宜的温度。如果海豚感到热，可以通过鳍来释放热量。

你在野外见过海豚吗？

为什么在野外很难看到海豚？它们不会长时间停留在水面上，而是不断上浮、下潜，上上下下。它们还有自己的保护色，也就是说它们的体色与周围的环境非常接近。大西洋宽吻海豚的背部是灰色或深灰色，下颚和腹部则由灰色逐渐转为白色。这种现象被称为"反荫蔽"，这样海豚的天敌和猎物都很难发现它。这两种颜色有什么特殊之处？从上面俯视，海豚背部的灰色与黑黝黝的深海融为一体；从下面仰视，海豚浅色的腹部又与明亮的海面颜色相近。

敏锐的视觉

无论是在水面还是水下，海豚的视力都很好。它们的眼肌可以自由收缩或舒张，使海豚在两种环境中都能看清物体。科学家认为，海豚在水面上能看清3.7至5.5米之外的物体，在水下则能看清2.7米外的物体。虽然科学家不确定海豚是否能分辨颜色，不过由它们眼部的构造推测，海豚分辨的颜色可能比人类还多。海豚像狗和猫一样，眼睛里有一层特殊的蓝绿色组织——脉络膜层。夜晚，脉络膜层可以聚集所有的光线并经由晶状体反射回去，从而使动物看清物体。这在光线较暗的深水中十分有用。

海豚如何防止水进入眼睛呢？人必须戴上护目镜或面罩，才能在水下看清周围的环境，但是海豚不需要。它们的眼睛能分泌一种特殊的油脂，不仅改善视力，而且防止水分进入眼睛。

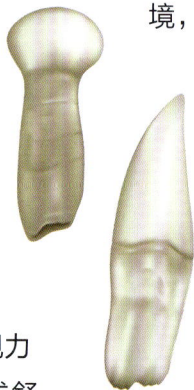

看看用于咀嚼的结构

海豚只有一副牙齿，如果某颗牙齿被碰掉或折断，底部不会再长出新的牙齿填补豁口。

鼠海豚的牙齿跟人一样是铲形的，海豚和鲸的牙齿则是锥形。宽吻海豚

海豚像猫和狗一样，夜视能力很强。

宽吻海豚的牙齿。注意最前面的缺口！

的牙齿为72至104颗。它们口腔的最前方没有牙齿，形成一个缺口，这样小海豚吮吸乳汁时就不会咬伤妈妈。鲸有40至50颗牙齿，而鼠海豚则有60至120颗。

然而海豚的牙齿可不是用来咀嚼食物的。海豚用牙齿捕捉猎物，然后囫囵吞下。

哪个器官尖又长？

海豚前部的喙状突起其实是它的嘴巴，你可以通过这个结构判断鲸目动物的种类。例如，海豚的嘴巴很长，十分醒目。鼠海豚的嘴巴稍小，形状浑圆。逆戟鲸等鲸类的嘴巴更小，几乎与面部位于同一个平面。

海豚有鼻子吗？

海豚其实没有鼻子，至少没有人类这样的鼻子。不过海豚有呼吸孔。我们用鼻子呼吸，海豚则通过呼吸孔呼吸。为什么海豚的呼吸孔长在头顶上呢？因为这样一来，它们需要呼吸时，只需把头顶露出水面就可以吸

时光的年轮

你知道吗？海豚的牙齿在不断生长。 科学家发现，海豚的牙齿每年都会新长出一层珐琅质。如此一来，海豚的牙齿就像树干一样，每一层珐琅质就是年轮的一环。你只要数一数圆环的个数，就能知道海豚的年龄。小海豚牙齿的年轮清晰可辨，但是随着年龄的增长，新的圆环变得越来越窄，彼此难以分辨。另外，这些牙齿非常坚硬。想想看，这么多年牙齿上堆积了多少层珐琅质呀！

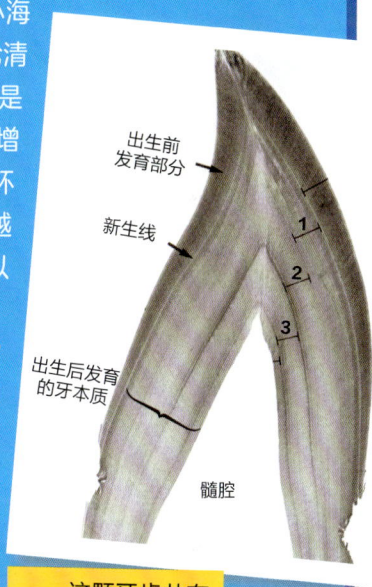

出生前发育部分

新生线

出生后发育的牙本质

1
2
3

髓腔

这颗牙齿共有三圈年轮，表明了海豚的年龄。

夏威夷长嘴海豚有很长的喙状突起。

海豚浮出水面，通过呼吸孔向外呼气。

气了。如果鼻子位于正前方，它们就得把整个头部探出水面才能呼吸。

鲸目动物需要呼吸时，气孔才会张开。它们在水下游动时，呼吸孔将被不透水的结构封闭起来，保持内部干燥。毕竟，海豚也不愿意呛水。

与朋友聊天

海豚还可以通过呼吸孔彼此交流。它们通过呼吸孔喷出气体，发出咔嗒声或哨声。这些声音具有不同的音高、音调和频率，表示不同的含义。例如，类似警报的声音表示有天敌靠近。另一种咔嗒声或哨声则可能是妈妈在呼唤小海豚靠近一点儿。每一群海豚都有自己的语言，只有海豚群的成员才能听懂具有特定音高和频率的声音。

科学家认为，每只海豚都有自己标志性的哨声，也就是它的"名字"。其他成员通过名字来辨识海豚。海豚一个月大的时候就拥有了自己标志性的哨声，并向其他成员宣布自己的名字。科学家也注意到，海豚会模仿其他海豚标志性的哨声，也许它们用这种方式来吸引其他海豚的注意，就像我们呼喊别人的名字一样。科学家对此还不确定。海豚的交流非常复杂，尽管科学家进行了大量研究，但依然没有弄清楚。

鲸交流的方式包括咔嗒声、哨声、有节奏的呼喊，甚至用尾巴击水。哨声和有节奏的呼喊有时听起来像悠长低沉的呻吟，这种声音多用于社交场合，也许是用来与鲸群中的其他成员交流。尾巴击水的声音非常响亮，可能表示警告，也可能是为了使鱼受到惊吓而聚集到一起，方便捕食。

鼠海豚似乎不像它们的表亲那样爱说话。它们像海豚一样会发出咔嗒声和哨声，但是频率更高。一些科学家甚至认为，鼠海豚发出的声音频率过高，超出了人类的听力范围。所以，它们可能也爱说话，只是我们听不到。它们在使用密语呢！

回声定位

海豚、鲸和鼠海豚的声音不仅用于交流，还可用于导航——确定自己的位置，选择前进的路线。每一种生物都需要导航。你用眼睛观察环境，以便绕开障碍物。如果你想前往陌生的地方，你可以借助地图或智能手机上的全球定位系统。飞机使用雷达探查周围的环境。雷达发射的电磁脉冲遇到障碍物后会反射回来，进入雷达的接收器。通过分析脉冲信号传播的距离就可以知道障碍物的位置。回声定位的原理与此类似。

大多数海豚都使用回声定位。不过，它们使用的是声波而非无线电波。海豚和鼠海豚通过额头上的圆形突起发出声音脉冲。声波在水下传播，撞到礁石等物体后会反射回

回声定位系统与声呐相似，能够帮助海豚确定其他物体的位置。

逆戟鲸击打水面传递信息。

鲸交流的方式包括咔嗒声、哨声、有节奏的呼喊，甚至用**尾巴击水**。

宽吻海豚在水下聊天。

计算机成像展示了
海豚回声定位的原理。

海豚的颅骨模型。
注意观察气囊和呼吸孔。

来。科学家认为，海豚下颌处由脂肪组织构成的接收器，能够感受到反射声波引起的震动，然后将信号传递至中耳和内耳，最后由大脑分析处理。这样海豚就知道了障碍物距离自己有多远，随后立即转向以躲避障碍物。（如果前方是一条美味的鱼，就继续前进！）回声定位系统就像海豚内置的雷达，无需额外装配任何零件。

适于回声定位的头部

海豚浮出水面后，可以发出响亮的咔嗒音和哨声。它们通过调整呼吸孔周围的肌肉，发出不同的声音。可是当它们潜入水中，呼吸孔就必须闭合，否则水就会进入肺部，导致它们溺水而亡。那么它们在水下如何发声呢？

科学家尚不完全确定，但他们提出了两种理论。第一种理论是，呼吸孔下方有三对气囊。海豚呼吸时，空气先进入肺部，然后又返回呼吸孔。如果海豚已潜入水中，呼吸孔闭合，气体就无法排出，转而进入这些气囊。气囊因充气而膨胀。气囊末端有气孔塞，海豚通过控制气孔塞决定气体的进出。如果海豚放出部分气体，就会产生声波。声波在水中传播即可用于回声定位。是不是很难理解？

我们来打个比方。气囊就像一个气球。内部没有气体的气囊是瘪的。当空气从肺部进入气囊，它们就会膨胀，就像往气球里吹气一样。你用手指捏紧气球口，气体就无法排出。气孔塞也能起到类似的作用。给气球放气时，有时能听到悠长尖厉的声音，气体由海豚的气囊排出时也会发出类似的声音。我们在水下听不到声音，但海豚可以。

另一种理论认为，呼吸孔下方的脂肪可以使气囊中的空气沿特定方向流动。你通过做出不同的口型来说话，海豚则借助这块脂肪发出不同的声音。

究竟哪种理论是正确的呢？这个问题很难回答。科学家无法在海豚发声时观察它们颅内的情况。这样做可能会伤害海豚，没有人愿意冒这个险。目前，科学家只能尽力开展研究，提出自己的假设。

珊瑚礁和鱼反射的声波信号不同。

是鱼，礁石，还是天敌？

海豚如何通过回声定位探知前方是什么物体呢？不同物体反射的声波也不一样。声波经由礁石等坚硬的物体反射，损失较少，这意味着它引发的振动更为剧烈。这样海豚就知道前方是一个致密的固体。鱼较为柔软，因此部分声波会被鱼的身体吸收。海豚通过反射声波引起的振动就能判断出这是一个柔软的物体。海豚持续发出声波扫描前方的物体，就可以确定物体的大小、形状、速度、距离和移动方向。它们通过计算信号返回所

听声辨物——这并非海豚的特殊技能

通过回声定位来"看清"物体的动物并非只有海豚。蝙蝠也具有这种能力。蝙蝠一般在夜间捕食昆虫，但在夜晚很难看清物体。这就是它们使用回声定位的原因——确保自己不会撞到障碍物或其他蝙蝠。科学家发现，有些视力受损的人也能练就回声定位的本领。他们通过短促的咔嗒声"看到"面前的障碍物，然后绕行。视力正常的人通过训练也能做到，但前提是蒙住他们的眼睛。显然，缺少视觉信号时，人类的大脑才更容易进行回声定位。

蝙蝠像海豚一样，通过回声定位进行导航。

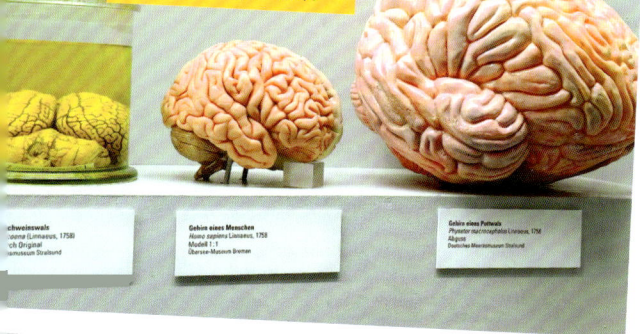
从左到右：鼠海豚的大脑，人类的大脑，抹香鲸的大脑。

海豚通过不断重复进行学习。

驯兽师通过哨声和手势告诉海豚该做什么。

需的时间来确定物体的远近。科学家还不确定，海豚是否通过接受的声波信号生成声学图像。它们也可能结合视觉信息进行综合判断。不管海豚的大脑"看"到了什么，它们都能通过回声定位进行导航，而且这项能力远胜于人类甚至军舰。

大脑的力量

你知道地球上哪种动物的大脑体积最大、构造最复杂吗？给你个小提示，答案不是人类。海豚和鲸的大脑跟人类相比，不仅体积更大，而且沟回也更多。你见过大脑的照片吗？它看起来有很多皱纹，这些皱纹就是沟回。科学家认为，大脑的沟回越多，就意味着这种动物越聪明。那么海豚和鲸是否比人类更聪明呢？没有人知道答案。智商测试是评估智力的有效方法，但目前还没有专为动物设计的智商测试。

科学家能确定的是，鲸、海豚、人类和黑猩猩等大脑体积较大的动物往往寿命更长。他们形成关系紧密的社会群体和稳定的社区。他们花费很多时间抚养后代，能够进行复杂的思考和交流。

科学家还发现，海豚能记住一些事件，学习抽象的概念。它们可以根据奖励或负面体验改变自己的行为。例如，一只名叫凯莉的海豚如果保持生活区域清洁，驯兽师就给予它奖励。后来，凯莉发现有纸张落入水中，就先把纸藏到水池的某个地方。第二天，它会把纸撕成好几片，逐一交给驯兽师。每次它都能得到一条鱼作为奖励。它没有把整张纸交给驯兽师来换取一条鱼，而是

撕碎纸张分多次上交，以换取更多奖励。这就是复杂思维能力的证据。

海豚还能把自己学到的东西教给其他海豚。凯莉把这个小技巧教给了自己的孩子。这表明海豚可以相互交流复杂的内容。这种情况在野外也极有可能发生。

海豚还像人一样有个体意识，这也能证明它们的大脑结构复杂。照镜子的时候，你知道镜子里的人是你自己而不是别人。海豚用标志性的哨声表明自己的身份，辨识其他海豚。具备个体意识的动物并不多，包括部分灵长类动物、某些种类的大象和喜鹊。海豚还能模仿其他动物和其他海豚。如果一个人举起手臂，海豚也会举起它的胸鳍。如果一只海豚跃出水面，另一只海豚也会重复它的动作。这些都证明海豚智商很高。

海豚似乎也能体会到快乐、悲伤、玩笑甚至痛苦等基本的情感。它们通过解决问题学习什么行得通、什么行不通。它们还能区分成年人和儿童，天生就知道对幼小的动物要更温柔。

逆戟鲸也吃企鹅。

海豚吃什么

海豚、鲸和鼠海豚像其他生物一样，离不开食物。动物的饮食结构取决于几个因素：营养需求、食物供应情况以及生存所需的食物数量。整个齿鲸家族都是食肉动物，也就是说所有的海豚、齿鲸和鼠海豚都吃肉，不过每个物种喜欢的食物各不相同。例如，逆戟鲸的食谱上有140多种动物，包括多种硬骨鱼、鲨鱼和鳐鱼，还有约50种海洋哺乳动物。它们也吃驼鹿、企鹅、棱皮龟和海鸟。如果你位于食物链的顶端，你的选择真是数不胜数！

海豚倾向于捕食在自己的栖息地中生活的海洋生物。这些物种的食物包括鲑鱼、虾、磷虾、螃蟹、章鱼，甚至还有水母。海

猎物中的水分

尽管海豚一生都生活在水中，但它们并不喝水。它们从食物中获得需要的水分。鱼、鱿鱼和水母体内含有大量的水分。海豚进食时，同时也吸收了猎物中的水分。海豚不出汗，也就不会像人那样损失水分。这意味着它们比人和其他动物需要的水分少得多。

豚的食性也会根据食物的供应情况而改变。生活在苏格兰沿海地区的宽吻海豚喜欢吃鲑鱼，但只有春夏时节才有这种鱼。因此，到了秋冬季节，海豚就改以鲱鱼或鲭鱼为食。生活在深海中的糙齿长吻海豚只吃鱿鱼，因为这是唯一一种丰富的食物来源。

鼠海豚的食性与海豚一样，这带来了麻烦。海豚为了争抢食物，会攻击甚至杀死鼠海豚。此外，巨大的逆戟鲸也是鼠海豚害怕的天敌之一，尽管它们同属一个家族。

可是我依然很饿……

海豚每天需要的食物数量取决于食物的种类。一只海豚每天吃掉的食物大约相当于自己体重的4%至9%，所以一只200至250千克的海豚每天需要吃掉10至25千克的鱼。海豚到底需要吃多少条鱼，取决于鱼的大小、重量和脂肪含量。鲭鱼和鲱鱼等含有的脂肪较多，所以它们很快就能填饱海豚的肚子，但是脂肪含量少的鱿鱼则不能。

逆戟鲸每天吃掉的食物相当于自己体重的5%，平均而言，相当于227千克的鱼。为了填饱肚子，逆戟鲸大部分时间都在捕猎。科学家发现，野生逆戟鲸每天有60%的时间都在寻找猎物。它们为了寻找"完美"的大餐可能要游数百千米。

食物造就了你

了解海豚、鲸和鼠海豚的食性，对科学家而言具有重要价值。只有这样，科学家捕获受伤的动物后，才能给它们投喂恰当的食物，帮助它们恢复健康。这对人工圈养的动物来说也具有重要意义，保证其饮食与野生同类一致，对于它们的生存至关重要。现在，科学家通过研究海豚的饮食结构，不仅弄清楚它们吃了什么，还了解了它们在何处进食。科学家研究某个水域的生物，确定海豚的栖息地及其环境要素。

追踪海豚、鲸和鼠海豚并非易事。一方面，它们游动的速度很快。一些种类很少浮出水面，即使上浮，停留时间也非常短暂。大多数鲸都在水下进食，所以很难弄清楚它们到底吃了什么。鲸有时会到几千米外寻找食物，那么捕食的地方到底算不算它们的栖息地呢？

科学家了解动物饮食结构的一种方法是研究动物体内的化学物质。人体内有少量的碳、氮、氧和许多化合物。我们的生存离不开这些化学物质，它们是构成肌肉、骨骼、器官和大脑的基石。这些化学物质都来自我们吃的食物。

其他生物也是如此。每种动物体内包含

一只逆戟鲸正在寻觅午餐。

海豚是食肉动物，也就是说它们靠捕食其他动物来生存。这些活跃的大型动物需要很多食物，所以它们每天大部分时间都在捕猎。

海豚一般结群捕猎。宽吻海豚把鱼赶到浑浊的浅水里，然后用叶突击打鱼。有时，它们直接用叶突把鱼抛到空中，然后将其囫囵吞下。谁说不能玩食物的？

原海豚把鱼赶到一起，形成"饵球"，方便吞食。一起来大快朵颐！

菜单

宽吻海豚

宽吻海豚生活在大西洋和太平洋，喜欢吃鲭鱼和鲻鱼，对鳗鱼、虾和螃蟹也是来者不拒。

虾

鳗鱼

鲭鱼

长嘴海豚

太平洋中的长嘴海豚喜欢吃鱼、水母和磷虾。捕猎时，它们可以潜到305米深的地方，屏住呼吸长达10分钟的时间。它们为了食物真是竭尽全力！

水母

鲱鱼

大西洋黑白海豚

大西洋黑白海豚是一种濒危的小型海豚。它们在海底觅食，喜欢吃比目鱼和螃蟹。

比目鱼

螃蟹

逆戟鲸

这些海豚家族里的大家伙捕捉体型较大的海洋生物来填饱肚子。它们以海狮、鲨鱼甚至其他鲸鱼为食。如果它们十分饥饿又恰好靠近岸边，它们甚至会捕食游泳前往另一座岛屿的驼鹿或鹿。

鲨鱼

海狮

科学家分析海豚组织中的营养物质，以弄清楚海豚的食物以及它们在何处捕食。

一只宽吻海豚在享用美味的章鱼。

海豚吞下一只鲑鱼。

的化学物质各不相同。这些化学物质由动物吃的食物补充。所以说，"食物造就了你"。鱼被海豚吞进肚子，在它的胃里消化。宽吻海豚的胃有三个室。第一个就像储藏室，鱼等食物暂时储存在这里等待被处理。第二个室打开后，食物滑进去被盐酸等强化学物质和酶消化，分解成泥状混合物（这跟食物在你胃中被消化的过程一样）。最后，泥状混合物受到挤压进入第三个室。在这里，重要的营养被海豚吸收进入血液。剩下的废物经过肠道最终被排出体外。

这个过程中最重要的环节是吸收营养。碳和氮等化学物质进入血液，然后被运送到海豚的各种组织和肌肉中，为海豚提供能量，使它可以收缩和舒张肌肉，完成游泳、跳跃和潜水等活动。组织中的营养元素吸引了科学家的注意。他们开始分析这些营养物质，以弄清楚海豚吃什么以及它们在何处觅食。

追踪同位素

科学家发现，对海豚的肝脏和心脏等器官或肌肉组织进行分析，结果呈现特定的模式。他们寻找的是同位素——一种特殊的原子。原子是构成一切的基本单元。地球上的一切都是由数以亿计的原子构成的，动物也不例外。原子由电子、质子和中子构成。大多数原子的中子和质子数量相同。然而在同位素中，中子数与质子数不等。

如何利用同位素来确定动物觅食和生活的地方呢？科学家从活着的或自然死亡的动物身上提取组织样本，研究并记录在组织中发现的同位素。然后，他们将海豚体内的同位素与它们可能吃过的食物中的同位素进行比较。例如，如果海豚肌肉组织中含有碳的某种同位素，而这种同位素又源自鲭鱼，那么科学家就可以推断海豚捕食鲭鱼。同位素可以进一步被定位到特定区域。鲭鱼体内的某种同位素，可能多见于某一段海岸线或某个海域。科学家就会猜测，鲭鱼来自那个区域，这意味着海豚也曾在那个区域活动。

这类研究有助于科学家深入了解海豚的觅食习惯和栖息地范围，从而判断哪些地方需要加以保护，以避免伤害海豚。

研究人员检查一只海豚的肾脏和肺部样本，以确定它的死因。

检测海豚的皮肤以获取其DNA信息。

深入了解

海豚

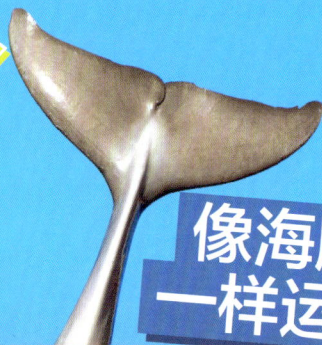

像海豚一样运动

像海豚一样运动

你想"变成"一只海豚吗？试试下面这个游戏吧。找一条围巾或一块布作眼罩，邀请几位朋友，再准备几把椅子。只用耳朵，确定前进的方向。没错，就是这样，通过回声定位来"看路"。

你需要：

一条围巾或一块布

几把椅子

几位朋友

1. 选一个人扮演"海豚"，坐在房间中央，给他戴上眼罩。

2. 其他人扮演"鱼"，沿着同一个方向在房间里"游动"。

3. 一个人站在旁边，当他说"停"的时候，所有的"鱼"都停止移动。

停

4. "海豚"拍两下手，表示发出声波，"鱼"也拍两下手进行回应。

5. "海豚"用手指出"鱼"的位置，这条"鱼"即视为被"捉住"，坐到椅子上。

6. 剩下的"鱼"继续行进，重复步骤4至6，直到"鱼"全部被捉住。

7. 最后一条未被捉住的"鱼"在下一轮游戏中扮演海豚。

8. 如果你想增加游戏的趣味性，可以为"鱼"提供各种乐器，使他们发出不同的声音。

在美国加利福尼亚州的蒙特利湾，一群海豚跃出水面。

第三章

海豚的
世界

海豚是一种非常迷人的动物。

海豚是最聪明的海洋动物之一，让人类极为着迷。我们为什么要研究海豚呢？是因为它们非常聪明，看起来喜欢与人互动吗？不完全是这样。

贾丝廷·杰克逊—里基茨

人类研究海豚，是因为它们是海洋生态系统中位居顶端的捕食者，这意味着它们几乎没有天敌。它们捕食海洋中体型较小的动物。除了大型鲨鱼、逆戟鲸和人类，没有多少动物会捕食海豚。由于海豚处于水生食物链的顶端，通过研究它们的健康状况和生活习惯，我们可以了解海洋生态系统的状态。

我研究海豚时，主要关注它们的行为习惯、互动模式、饮食结构和活动范围。收集这些信息有助于我更深入地了解海洋。例如，如果海豚迁徙到其他地方寻找食物，我就要探索背后的原因。什么因素导致食物来源消失？是发生了石油泄漏？人类过多地干预它们的生活？还是那片海域水温发生变化，导致鱼群迁徙到别处？这些都反映了环境的变化，也说明了研究野生海豚的重要性。海豚可以告诉我们，人类如何影响海洋及生活在其中的动物。

研究圈养的海豚是了解其交配习惯、身体构造和智力的好方法。我们每天观察海豚，了解它们如何游泳；我们还检查它们的身体，弄清楚它们的身体如何工作。例如，我们仔细研究海豚之后，才发现它们的胸鳍中有骨骼，其形态与人类手臂和手中的骨骼相似。过去我们不知道海豚的大脑有多大，也不知道它们能否学习和表达情感，后来科学家对它们进行长期观察，才找到这些问题的答案。与海豚互动是一种难得的体验，也是许多海洋生物学家非常珍视的经历。

宽吻海豚

津津有味
地吃鱼。

海豚是海洋
生态系统中位于
顶端的捕食者，
以体型较小的
海洋动物为食。

海豚能学会叼
着画笔作画。

海豚非常聪明，
似乎很喜欢
与人类互动。

科学家研究迷人的海豚，不仅是为了满足人类的求知欲，

也是为了了解整个地球生态系统。海豚是海洋系统顶端的捕食者，当海洋出现问题时，它们可能是最早发生变化的指标之一。

如果海豚的行为或捕食习惯发生变化，这可能意味着还有隐藏在深处的问题。例如，可能是海豚生活的生态系统发生了变化。我们的很多食物都源自海洋，因此海洋生态系统的任何变化最终都会影响到人类。然而，这不仅仅关乎食物。海洋的健康，对于强大的全球生态系统和欣欣向荣的地球至关重要。

研究野生海豚并不容易。这项工作需要时间、资金和耐心。科学家要在小船上连续工作以寻找并追踪海豚。他们可能遭遇风雨、巨浪、严寒酷暑和风暴。有时他们在海上待了一两天，却连海豚的鳍或尾巴都看不到。可是一旦觅得海豚的踪影，他们会觉得一切付出都是值得的。在野外观察和追踪海豚能够获得宝贵的数据，也是非常有趣的经历。研究人员往往能有惊人的发现。

有伙伴的地方就是家

科学家在野外观察海豚，发现它们总是成群结队地游动。它们结群不仅是为了社交，也是为了交配、自我保护和捕猎。海豚群的规模取决于物种，也与食物的供应情况和栖息地中天敌的数量有关。一般来说，在开阔的深海中生活的海豚群，规模要比河流

调查船经常遇到巨浪。

在野外研究海豚并不容易。科学家要在各种自然条件下寻找并追踪海豚。

逆戟鲸把个头小、年老和年幼的成员围在鲸群中央。

或沿海海域的海豚群要大。这也说得通。空间越大，聚会容纳的宾客越多——当然，我们说的是海豚的聚会。

海豚结群生活是为了一起养育后代，寻找食物，交配以保持种族延续。海豚群的成员并不固定。小海豚可能跟妈妈一起生活在"育婴群"里，其成员大多是海豚妈妈和它们的幼崽，有时还会有需要保护的年老的海豚。有时一个群里可能有多达四代海豚。雌性海豚生育后代后，也会回到自己长大的海豚群，在那里抚养自己的孩子。每个成员都会参与照料小海豚的工作。

小海豚慢慢长大，等到它可以离开妈妈独立生活时，它可能会跟其他年轻的海豚结群。在"青少年群"里，雄性海豚能找到相伴终生的好朋友。年轻的海豚到了合适的年龄，

海豚好兄弟在一起嬉戏。

好兄弟

海豚是少有的能结下终生友谊的动物。通常两只雄性海豚会成为最好的朋友。它们一般相识于"青少年群"或"成年群"，但无论友谊始于何处，它们都将相伴终生，共同捕猎、进食和生活。它们作为一个团队给雌性留下深刻印象。有时它们会与一两只雌性海豚以及它们的孩子结成一个群。科学家曾发现了共同生活20年甚至更久的海豚兄弟。

小海豚跟在妈妈身边。

你是哪种海豚？

你有没有想过，哪种**海豚跟你**的**个性最相似？**来测试一下吧！

1. 你最喜欢的晚餐是什么？

a. 肉类，肉越多越好。

b. 新鲜的寿司，要选用活蹦乱跳的鱼才行。

c. 虾，还可以再来点螃蟹。

d. 鱼籽，搭配章鱼和鱿鱼——我喜欢触须特别长的那种。

2. 你和家人的关系怎么样？

a. 妈妈是我最好的朋友，我喜欢跟她待在一起。

b. 我更喜欢跟一大群朋友出去玩，人越多越好。

c. 我喜欢全家人聚在一起。

d. 我喜欢跟最好的朋友待在一起，他们就像我的家人一样。

3. 我最喜欢生活在____。

a. 非常寒冷的地方

b. 我喜欢四处游荡，不愿意呆在一个地方

c. 热带雨林中温暖的河流

d. 海洋中温暖的地方

4. 审美观——什么颜色最适合我？

a. 基本的黑白配色。

b. 灰色，点缀着白点。

c. 阴雨天灰蒙蒙的色调！

d. 忘掉统一的色调吧，我喜欢条纹！

5. 你的身体状况如何？

a. 我强壮有力。

b. 我行动敏捷。

c. 我非常灵活。

d. 我喜欢跳跃翻转。

如果你的选择大部分是C：

你是一只**伊豚**，你喜欢跟几个小伙伴一起潜水嬉戏。

如果你的选择大部分是A：
你就像巨大的**逆戟鲸**，靠力量和智谋在寒冷的地方生存下去。

如果你的选择大部分是B：
你是**宽吻海豚**。你性格随和，能跟所有人友好相处，可以适应各种气候条件。

如果你的选择大部分是D：
你是**暗黑斑纹海豚**。你喜欢人多热闹，乐于交朋友。

海豚群的首领可能会在其他海豚身上留下**耙状齿痕**，以宣示自己的统治地位。

耙状齿痕

海豚首领在这只海豚的皮肤上留下耙状齿痕。

可能就会去寻找配偶，然后建立自己的"成年群"，或加入其他"成年群"。雄性海豚往往会频繁改变自己归属的群，雌性海豚则倾向于加入群后长时间不再变动。

海豚群的首领

　　一群狗一定会有一个首领，结群而居的海豚也是如此。一般情况下，首领由健康的成年雄性海豚担任。不过，在育婴群里，首领也可能是雌性，因为成年雄性海豚很少加入这样的海豚群。为了成为领袖，海豚必须表现出自己的权威。它用尾巴拍打水面，用下颌撞击甚至追逐撕咬其他海豚。它还可能用锋利的牙齿划伤其他海豚的皮肤，在它们身上或头部两侧留下浅浅的耙状伤口。伤口

终会愈合，但会留下疤痕。你在海豚的体侧见过细细的疤痕吗？那可能就是被其他海豚的牙齿划伤留下的。一只海豚的统治地位不会维持很久。有时，短短数日或数周后，其他海豚就会向首领发出挑战，一番争斗后，胜者将获得首领的地位。

保持警惕

　　海豚群或鲸群的成员之间一般都能友好相处，相互支持。它们一起照顾幼崽，保护彼此，合作捕猎。除育婴群外，在所有海豚群中，成年雄性海豚总是围在最外圈。这可能有两个目的：寻找猎物和保护其他成员。当海豚群受到袭击，一般都是由它们进行防御，保护中间的海豚。这些海豚往往是年幼

和年老的海豚，可能身体还很虚弱。海豚非常关心受伤或生病的同伴。曾有人在野外看到海豚托住同伴，帮它把头探出水面进行呼吸。在人工圈养状态下，如果同伴生病或受伤，海豚会发出咔嗒声或哨声吸引驯兽员的注意。

外围的雄性海豚还会充当侦察员，游到前方进行调查。它们是侦查猎物还是天敌呢？科学家尚不确定。不过科学家注意到，这些侦察员返回后会向首领汇报前方的情况。

宽吻海豚巧妙利用地形围捕鱼群。

集体捕猎

海豚一起寻找和捕捉猎物。海豚发现可以食用的鱼群后，会把它们围在中间，不断缩小包围圈，使鱼群聚集得越来越紧密。然后，海豚依次穿过鱼群，在这个过程中很容易就能捕到鱼。这种方式被称为"圆形合作捕食"。

还有的海豚会聚集在一起，用尾巴把鱼击晕。它们在水中用力拍打尾鳍，把鱼打晕，然后囫囵吞下。有时，野生海豚还会与渔民合作。它们把鱼群赶向渔网，逃脱的鱼就成为幸运海豚的下午茶或加餐。海豚有时还会分成几个小组，每组包括三四只海豚，它们从不同的方向游向鱼群。为躲避一组海豚的追逐，鱼可能迎面撞上另一组海豚。这让鱼晕头转向，最后被海豚所包围，变成它们的盘中大餐！这种方

向海豚学习

海豚独特的合作方式卓有成效，因此很多企业都尝试采用同样的做法。只不过这一次主角换成了人类！领导者认为，如果团队成员能学会合作完成项目，感受到身处集体的快乐，并积极利用集体的智慧，企业就能繁荣发展。这个主意不错。只要不用牙齿在别人身上留下齿痕就行。

海豚相互合作。

生活在**沿岸水域**的海豚会把鱼赶到**浅水区**进行捕猎。

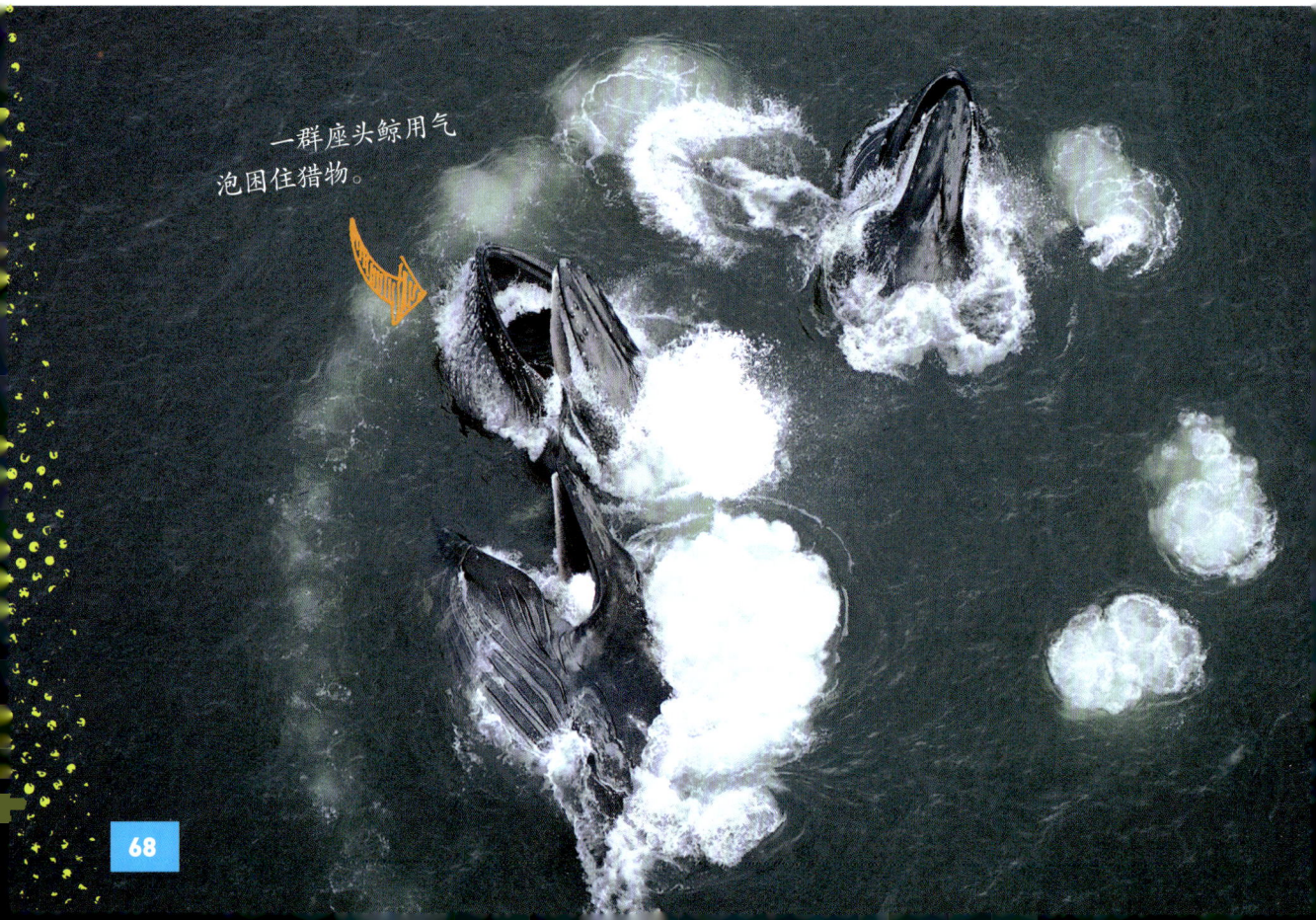

一群座头鲸用气泡困住猎物。

鲨鱼来袭！

海豚通常不会主动攻击鲨鱼，除非它们受到攻击。一般情况下，聪明的鲨鱼也不会袭击一群海豚。如果你发现它们在悄悄接近海豚，那么目标通常是小海豚或生病的海豚。科学家曾观测到三只海豚用头部撞击鲨鱼柔软的腹部，以保护身体虚弱的同伴。你可能听说过海豚保护人类抵御鲨鱼的袭击，可是事实并非如此。

尽管鲨鱼是食物链顶端的捕食者，但它们一般不会招惹海豚。

式被称为"之字形合作捕食"。

在靠近海岸的水域，海豚会把鱼赶到岸边的浅水区。科学家称之为"阵线合作捕食"。鱼无处可去时，海豚就俯冲下来吃掉它们。这种方式的危险在于，海豚自己可能会搁浅在岸上。它们必须时刻小心，避免进入水过浅的地方，这样捕食结束后它们才能返回深海。

海豚非常聪明，有时会变换捕食方式。有人曾观测到海豚同时使用多种捕食方法。它们可能以圆形捕食法开始，然后结合之字形捕食法来迷惑鱼群。科学家也注意到，有些海豚群会反复使用同一种方法。他们认为，这可能是年长的海豚在向小海豚传授它们最喜欢的方法。不管使用哪种方法，目标都是

一只宽吻海豚使用海绵捕食。

一样的：获取食物！

气泡和球

海豚并不是唯一一种会合作捕食的水生哺乳动物。鲸也拥有这种能力。一群座头鲸能通过呼吸孔释放出气泡，把鱼驱赶到一起。鲸在鱼的下方游动，向它们喷射气泡。气泡像一张网围住鱼，把它们聚集到一起。这时鲸只需张大嘴巴，就可以饱餐一顿。

逆戟鲸能制造"饵球"。它们在鱼周围游来游去，把鱼赶到一起，然后用巨大的尾巴击打鱼群！这些被击晕的鱼不知不觉中就成为了逆戟鲸的零食。

要坐电梯吗?

几位科学家看到一只座头鲸缓慢地把宽吻海豚托出海面，这让他们激动万分。他们甚至还拍到了视频！可是座头鲸为什么要这么做呢？科学家还不知道。海豚看起来并没有受伤，座头鲸似乎也没有表现出攻击性或试图伤害海豚。或许它们只是在嬉戏，看看能把海豚举多高。无论如何，它们似乎玩得很愉快！

海豚和鲸似乎在做游戏。

使用工具捕猎

海豚还有其他巧妙的方法来捕捉猎物。有时，它们会使用工具来寻找食物。当海豚单独行动时，使用工具的频率更高。澳大利亚宽吻海豚尤其擅长于此。科学家曾观测到一只澳大利亚宽吻海豚用巨大的圆形海螺壳来捕鱼。海豚用牙齿咬住海螺壳潜入水中。浮出水面后，它前后晃动海螺壳，壳中的水洒到外面，困在里面的鱼则滑入嘴中。味道

好极了！

再举一例。澳大利亚宽吻海豚还会使用海绵，迫使鱼离开藏身之处。鱼感知到海豚的来临，就会躲进珊瑚或者海底的沙子里。海豚就衔着海绵戳戳这儿、戳戳那儿。鱼就被挤出来，或出于好奇钻出来查看外面的情况。这时海豚就迅速丢掉海绵，把鱼吞进肚子。然后它再次捡起海绵，继续寻找猎物。

社交

有时候，一只海豚——甚至一群海豚——会游到考察船附近打个招呼。英国和澳大利亚沿海地区的冲浪者也邂逅过海豚群。是不是很酷？但这样的事情并不会经常发生，而且只有某些种类的海豚才会对人类如此友好，或者是感到好奇。

海豚接近时，你该怎么办？保持冷静，不要挡住它的去路。野生海豚跟受过训练的动物不同，你不知道它们要做什么。它们非常强壮，即使看起来很友好，也可能会伤害到你。不要抚摸海豚或给它喂食。事实上，在野外给海豚投食是违法的。始终与海豚保持至少15米的距离。如果它们对你的鱼饵或钓绳感兴趣，一定要把渔具收起来。你肯定不想把海豚缠住吧？如果它被渔具缠住，可能在水下久久不能脱身，无法浮到水面上来呼吸。

落日的余晖洒在一群宽吻海豚身上。

一群海豚冲上浪巅。

我们从海豚身上学到的六种品质

海豚具有多种优秀品质。它们相互合作，共同促进成员之间以及海豚群与环境的和谐。难怪企业要向它们学习。海豚是很好的榜样！

1. 同情心
2. 耐心
3. 责任心
4. 尊敬长者
5. 合作
6. 互相照顾

海豚喜欢亲近的可不只是人类。科学家曾看到成群的海豚与其他种类的海豚、灰鲸、座头鲸甚至是露脊鲸一起在海中畅游。它们为什么在一起游泳？研究人员还没有找到答案。也许它们只是觉得跟大家伙做伴很有趣。科学家没有见过它们一起捕猎或进食。

施以援手

有时，鲸或海豚会搁浅在沙滩上。动物救援组织会立即采取行动，帮助动物重返海洋。科学家认为搁浅是意外事故，可能是因为动物捕食时过于靠近岸边。不过，也有可能是生病和垂死的动物故意游到岸上。有

时候，会有一大群鲸或海豚搁浅。这是因为一个受伤的伙伴先游上岸，其他伙伴不愿意离它而去吗？或者是海洋里的噪声把它们驱赶到海滩上？没有人知道答案，但这种现象确实让人伤心。

动物救援人员安抚搁浅的动物，使它们的身体保持湿润，同时倾斜成一定角度以进行呼吸。有时他们要花几个小时的时间挖沙子，以把搁浅的动物送回大海。如果动物受伤，他们可能会先把它送到救援中心接受治疗。受伤的动物康复后，救援人员会尽快把它们放归大海。有时候，动物的伤势过重，无法

一只出生10天的小海豚被渔网意外捕获，送到海洋动物救援中心。工作人员正在给它洗澡。

志愿者救助搁浅的巨头鲸。

在野外生存下去，它们就会成为当地海洋博物馆或水生动物中心的永久居民。

捕捉野生海豚

直到20世纪末，政府才开始控制捕捉野生海豚的行为。过去人们会用直升机将几只海豚赶到船边，然后用网将它们捕获。人类让海豚保持湿润和镇定，送往海洋世界等场所。人类还用同样的方法捕捉鲸和逆戟鲸。送抵目的地后，动物会被圈养起来，接受训练，为成千上万的观众表演。

如今，在很多地区，海豚和鲸都受到政府法规的保护。根据规定，如果没有政府的特别许可，就不能捕捉海豚。只有经过批准的机构才能获得许可。美国1972年颁布的《海洋哺乳动物保护法》禁止骚扰、伤害、猎杀野生海豚或向其投食。这些规定使捕捉健康的野生海豚愈加困难。这也是海洋世界等机构增加海豚繁殖项目的原因。尽管如此，

看到搁浅的动物应该怎么办？

1. 打电话求助。在美国，你可以拨打鲸与海豚保护热线电话，通知当地救援中心或警察。
2. 靠近时要非常小心。它们是野生动物，而且可能处于痛苦之中。它们可能无意中或出于自卫而伤害到你。
3. 如果你能顺利接近搁浅的动物，首先要做的是确保它的呼吸孔畅通，这样它才能呼吸。
4. 你可以在保证自身安全的同时把水倒在动物身上，采取这一措施时，注意不要把水倒进呼吸孔。
5. 不要试图将动物拖回水中。这样会对你和动物造成伤害。
6. 不要让人群和狗接近搁浅的动物，以免给它造成压力。你可以找几个成年人帮忙。
7. 与搁浅的动物保持距离，等待专家前来救援。记住这些是强大的野生动物。

巨头鲸妈妈和它的幼崽被困在浅水中。

两位研究人员前来救援搁浅的海豚。

无论何时，尽量与海豚保持至少15米的距离。

在美国加利福尼亚半岛附近海域，游客近距离观赏一群海豚。

观赏海豚

你想去海上观赏海豚吗？ 这充满趣味，但一定要选择保护生态环境的鲸或海豚观赏船，做到以下几点：

- 与动物的活动区域保持一定距离，不接近动物或向其投食。船只过于靠近会伤害海豚和鲸。
- 限制在动物栖息地停留的时间，以免干扰动物捕食。
- 在动物活动区域内使用清洁能源，不要倾倒垃圾。
- 邀请一位受过培训的人员，向游客解释观赏到的情景。
- 要了解更多信息，请查看"感知鲸鱼"或"智慧海豚"计划，该计划列出了观赏效果绝佳、注重保护海洋哺乳动物的旅游项目。

过去 30 年里，仍有 5000 余只海豚、鲸和鼠海豚被捕获，其中大多数被送至水族馆用于研究或表演，还有一些被军方使用。这些被捕获的海豚近四分之三是雌性。一般情况下，这些动物似乎都能适应人工饲养的环境，不过它们的寿命可能比野生海豚要短。

训练海豚

海豚学习速度快，而且喜欢接受各种任务。海豚一被圈养起来，驯兽师就开始接触海豚。接下来，他们给予海豚简单的任务，并以鱼作为奖励。他们的目的是通过正面强化的方法训练海豚：如果它正确完成任务，就可以得到奖励。这种方法非常适用于聪明的哺乳动物。海豚很快就能学会新的技巧，它们甚至还能自己发明一些小技巧以得到奖励。

驯兽师教海豚跳跃、翻转和鞠躬等技巧，这其实是强化海豚在野外就具有的习性。用尾鳍在水面上"行走"、拍打尾鳍和挥动胸鳍，这些都是野生海豚做过的动作。驯兽师训练两只海豚一起游泳和跳跃，这也是在野外就能观测到的现象。驯兽师这样做，一方面是为了让海豚保持活跃，另一方面也是希望它们保持在自然栖息地生活时的习性。

目标和召回

驯兽师使用两种方式帮助海豚学习新行为。第一个是使用目标物体。目标是海豚在训练中关注的东西，驯兽师的手掌、球、甚至是棍子末端的一个物体都可以作为目标。驯兽师把目标物体放在海豚的附近，当它们用喙状突起触碰到目标时，就给予它们奖励。一旦海豚掌握了这个动作，驯兽师就把目标移动到新的位置，重复此前的方法，直到海豚学会移动到新的目标位置。驯兽师通

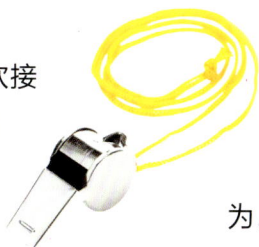

两只受过训练的海豚双双按照指令行动。

一只宽吻海豚接受驯兽师的指令。

你也能训练海豚

你是否曾梦想着与海豚一起工作？或许你想训练它们进行表演。下面是成为驯兽师要做的事情：

1 **向专家学习如何与动物打交道。** 去当地动物园、兽医诊所、动物收容所或水族馆当志愿者。

2 **高中阶段，学习训练动物。** 协助养育导盲犬。与动物康复中心的工作人员一起训练动物，为它们回归自然做准备。

3 **上大学攻读学士学位。** 学习生命科学相关课程，如生物学、动物学、海洋生物学或动物科学。

4 **考取潜水证。** 如果你想与海豚一起工作，你得先学会潜水。

5 **考取心肺复苏和急救证书。** 这是为了在必要时救助自己或者其他驯兽师。

6 **积累经验！** 保持热情，积极听取建设性的批评意见，享受工作的乐趣！

过这种方法训练海豚完成复杂的动作。你去海洋世界看过海豚表演吗？你可能见过驯兽师伸出手掌让海豚轻推。下次注意观察海豚什么时候会做出这个动作。很可能是在海豚完成表演动作前后。

驯兽师还使用哨声来强化训练。哨声与目标相结合可以强化海豚的行为。哨声也用于召回海豚，即让海豚停止正在做的事情，回到特定位置。通常情况下，是回到驯兽师身边。召回信号可能是哨声或手掌击打水面的声音。海豚听到这个信号后，就会立即到约定的地点。教海豚追踪目标和召回海豚并不容易，可能需要几个月的时间。这是促进海豚和驯兽师关系的有效方式。更重要的是，它可以保护海豚的安全。如果驯兽师需要海豚躲避危险或前往安全地点，召回信号可以确保海豚立即做出反应。

帮助动物保持健康

驯兽师采取一切预防措施以保证海豚和鲸的健康。每个动物都定期接受体检。驯兽师每天都与这些动物在一起，在他们的陪伴下，动物接受检查时就能保持平静。受过训练的海豚和鲸能够按照要求展示身体的某一部分。例如，如果兽医需要查看海豚的腹部，驯兽师会向海豚发出翻身的信号。海豚根据命令做出相应的动作，就可以得到一条鱼作为奖励。驯兽师还可以让动物在检查过程中静止不动。这样医生无需使用麻醉或药物使动物进入睡眠状态，就可以进行超

一起玩耍吧!

海豚饶有兴致地玩呼啦圈。

玩耍对许多动物而言都非常重要，海豚也不例外。动物玩耍的同时也在学习。神经学家指出，玩耍有助于动物感知世界，让感官更加灵敏。两只海豚通过嬉戏打闹了解对手的优势和弱点。这有助于它们在遭遇攻击时进行防御。在追逐物体的游戏中，海豚能够学习捕猎、搜索和定位物体。野外生活需要这些技能。

想不想玩追捕游戏？这两只海豚一边游泳，一边嬉戏。

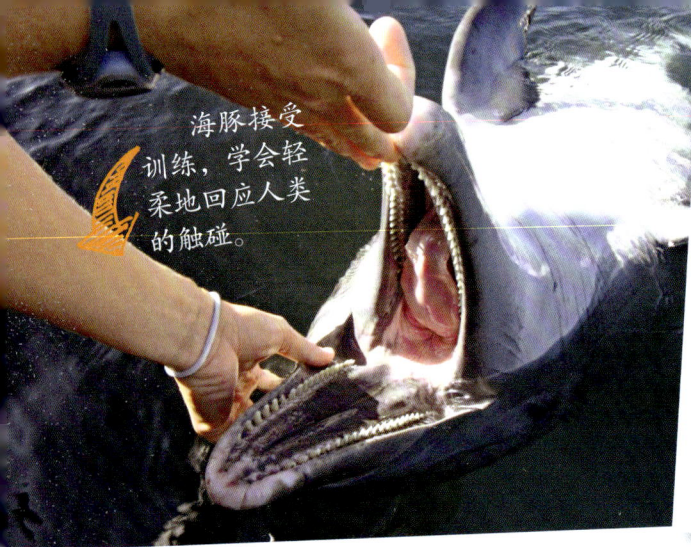
海豚接受训练，学会轻柔地回应人类的触碰。

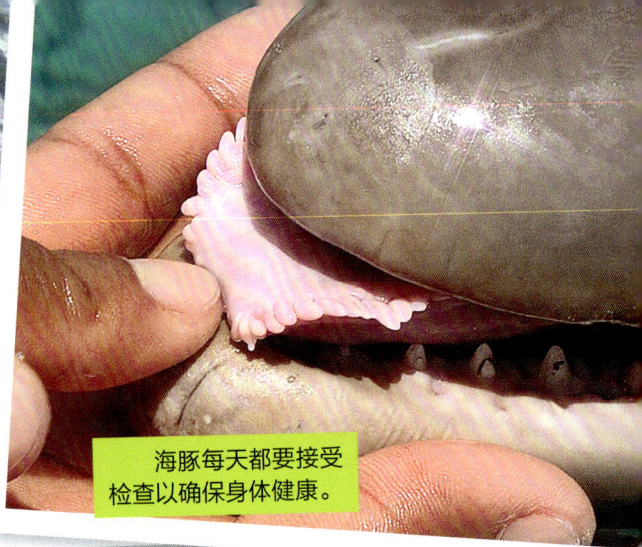
海豚每天都要接受检查以确保身体健康。

声波或X光检查。动物的身体和精神健康记录将得到妥善保存。一旦驯兽师发现动物有任何异常，就会通知医疗团队。这样做的目的是让动物尽可能保持健康和快乐。

要使动物保持健康，还需要投喂适当的食物。海豚的食物一般是捕捞后迅速冷冻的鱼和鱿鱼。食物经过解冻后才投放给海豚食用。食物的投放数量取决于海豚或鲸的种类。每只海豚都有自己的食物罐。工作人员会详细记录每只海豚每天的进食量。

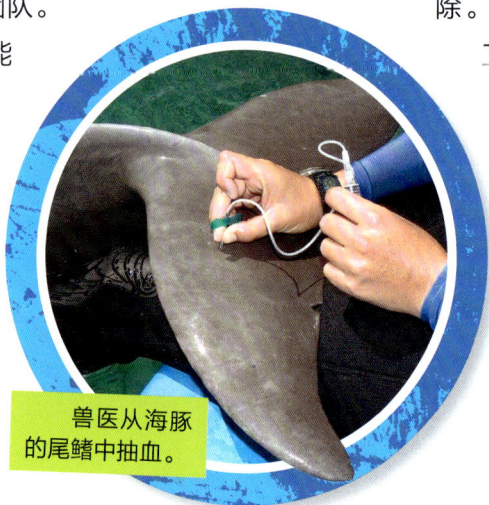
兽医从海豚的尾鳍中抽血。

海豚的生活区域时刻保持清洁。复杂的过滤系统用于清除废物、净化水质。海豚每天排尿3.8升，约为8至14岁普通人的三倍。对于容量为数万升的水箱而言，3.8升看起来似乎微不足道，但是水依然需要净化。海豚每天还排泄1.4千克粪便。它们的粪便看似稀薄的绿色液体，但不易溶于水。通常情况下，过滤系统能把它们从水箱中去除。如果过滤未达到效果，工作人员就使用对海豚安全无害的化学物质来净化水质。水池通常还安装真空系统以清除杂物，玻璃墙也会定期用刷子擦洗以防止水藻附着。

饲养海豚

大部分圈养海豚都来自人工繁育项目。这与许多动物园的繁育项目类似。幼崽出生后与妈妈生活在一起，就像在野外一样。幼崽很早就与驯兽师接触，将驯兽师视为家庭成员。很多组织对海豚繁育项目持否定态度。这是因为这些海豚的家庭结构并非自然形成，而在野外，海豚可以自由选择加入哪个海豚群。不过大多数水族馆和海洋中心都能悉心照料新出生的海豚和它们的妈妈，海豚繁育项目还会继续发展。

关于圈养的争论

海豚、鼠海豚和鲸能否适应圈养生活，目前还存在争议。尽管驯兽师和研究人员会尽力照料圈养的动物，但它们生活的水箱无疑限制了它们的活动范围。在野外，鲸或海豚一天游动的距离可能达到161千米。水箱当然没有那么大。即使是一些娱乐中心为逆戟鲸新建的大型水箱也依然不够大。要知道逆戟鲸的下潜深度能达到305米。

训练海豚解决复杂的谜题可以刺激它们进行思考。

水生动物中心的反对者说，这些动物面临着在野外不会遇到的问题。它们与家人分离，接受训练为观众表演节目，逐渐遗忘了捕猎和交流的技能。

还有人甚至认为，对海豚这么聪明的动物而言，圈养是非常残忍的做法，影响它们对生活的态度。

研究圈养海豚

不过，圈养海豚、鼠海豚和鲸并非一无是处。观察水箱等可控环境中的海豚，为研究人员提供了很多有关这些神奇哺乳动物的信息。例如，他们近距离观察海豚如何游泳、

你也能成为海洋哺乳动物医生

你喜欢和动物一起工作并照顾它们吗？

如果你觉得狗和猫很无趣，那为什么不考虑成为海洋哺乳动物的医生呢？你可以照顾水族馆和海洋哺乳动物中心的所有动物，比如企鹅、海象、海狮、逆戟鲸、海豚和鼠海豚。这是一份很棒的工作。当然，你必须上大学并获得学位，还得去兽医学校学习四年。你将在那里研究不同的动物，了解它们的身体。然后你可以去水族馆实习。你可能要在经验丰富的海洋动物医生的指导下，接受更多训练，适应跟动物打交道。你将学习如何给动物体检、接种疫苗、拍X光片，甚至在需要时做手术。你将帮助神奇的水生动物保持健康。如果这听起来是你希望从事的工作，你可以搜索提供海洋哺乳动物相关课程的大学的信息，查找研究生院。投身到这个伟大的事业中去吧！

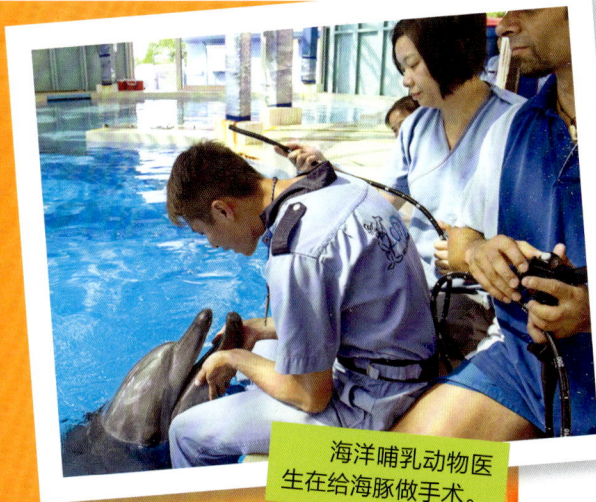
海洋哺乳动物医生在给海豚做手术。

动物保护组织

　　许多组织的宗旨是保护海豚和其他海洋动物，确保它们的安全。"动物园和水族馆协会"就是这样的一个大型组织。它们的任务是教育人们重视和尊重海洋生物，协助保护野生动物和自然环境。加入协会的动物园和水族馆承诺保持较高的健康标准，清洁水箱，为动物提供良好的训练。这些地方大多为儿童和成人提供教育课程，使他们了解更多有关海豚和鲸的知识。他们教公众清理海滩，为保护海洋应该选择哪种鱼类食用，以及如何跟野生动物打交道等。致力于野生动物保护和教育的组织有很多，动物园和水族馆协会只是其中之一。

海豚得到救援，经过两个月的康复后，被放归美国加利福尼亚州拉戈岛附近海域。

位于美国加利福尼亚州长滩的太平洋水族馆里，生活着超过1.1万种太平洋动物。

潜水和玩耍。他们记录了数千小时海豚交流的声音，包括咔嗒声、哨声和拍打尾鳍的声音。科学家通过整合这些信息，可以发现动物交流的特定模式。

　　通过观察和测试，研究人员已经知道了海豚如何利用回声定位进行导航。他们目睹了海豚的各种情绪：愤怒、悲伤或对其他动物的同情。他们学会了如何使海豚长时间保持健康，以及如何繁育海豚。

　　这些信息不仅可以加深我们对这些生物的了解，也可以用于救助这些动物。科学家研究圈养海豚获得的成果，加强了对野生动物的保护。具体来说，在过去十年里，集体搁浅的动物存活率从10%上升到30%。对海

获救的海豚米莎和汤姆终于回到大海。

豚的了解也有助于教育人们，激发人们对海豚的尊重。人们已经知道，在野外接近海豚不是个好主意，但是可以在安全距离之外观察它们。这样海豚的生活就不会受到干扰。

重返自然

圈养的海豚很少被放归野外，不过也有成功的先例。曾有研究人员将土耳其一个度假胜地圈养的两只雄性海豚带到新的训练地。他们花了一年多的时间教海豚适应野外生存。这两只海豚——米莎和汤姆——必须学会捕猎。过去，它们只食用人类喂的鱼。因此，研究人员在汤姆和米莎的新水箱里放进活鱼后，它们却无动于衷。它们似乎对周围游来游去的鱼视而不见。驯兽员慢慢地教会汤姆和米莎自己捕鱼。海豚掌握这个技能后，下一步就是停止人类与它们接触。人类渐渐从海豚的视野中消失。汤姆和米莎要学会照顾自己。

重要的时刻终于来了。研究人员要把汤姆和米莎放归爱琴海——它们最初被捕获的海域。它们重返大海的怀抱。研究人员给它们佩戴了追踪设备，以观察它们的适应情况。放归后的48小时内，汤姆和米莎游了161千米。它们成功捕到猎物，甚至还与野生海豚进行了互动。研究人员认为，它们可能在寻找原来归属的海豚群。两年多的时间过去了，海豚似乎仍然生活得很好。

深入了解

寻找
海豚

大家都喜欢海豚吗？没错。人们对这些水生动物十分着迷。下次出去玩的时候，注意观察四周，你可能会发现海豚的身影。你能在这些图片中找到海豚吗？

两只海豚在追逐观鲸船。

第四章 海豚与人类

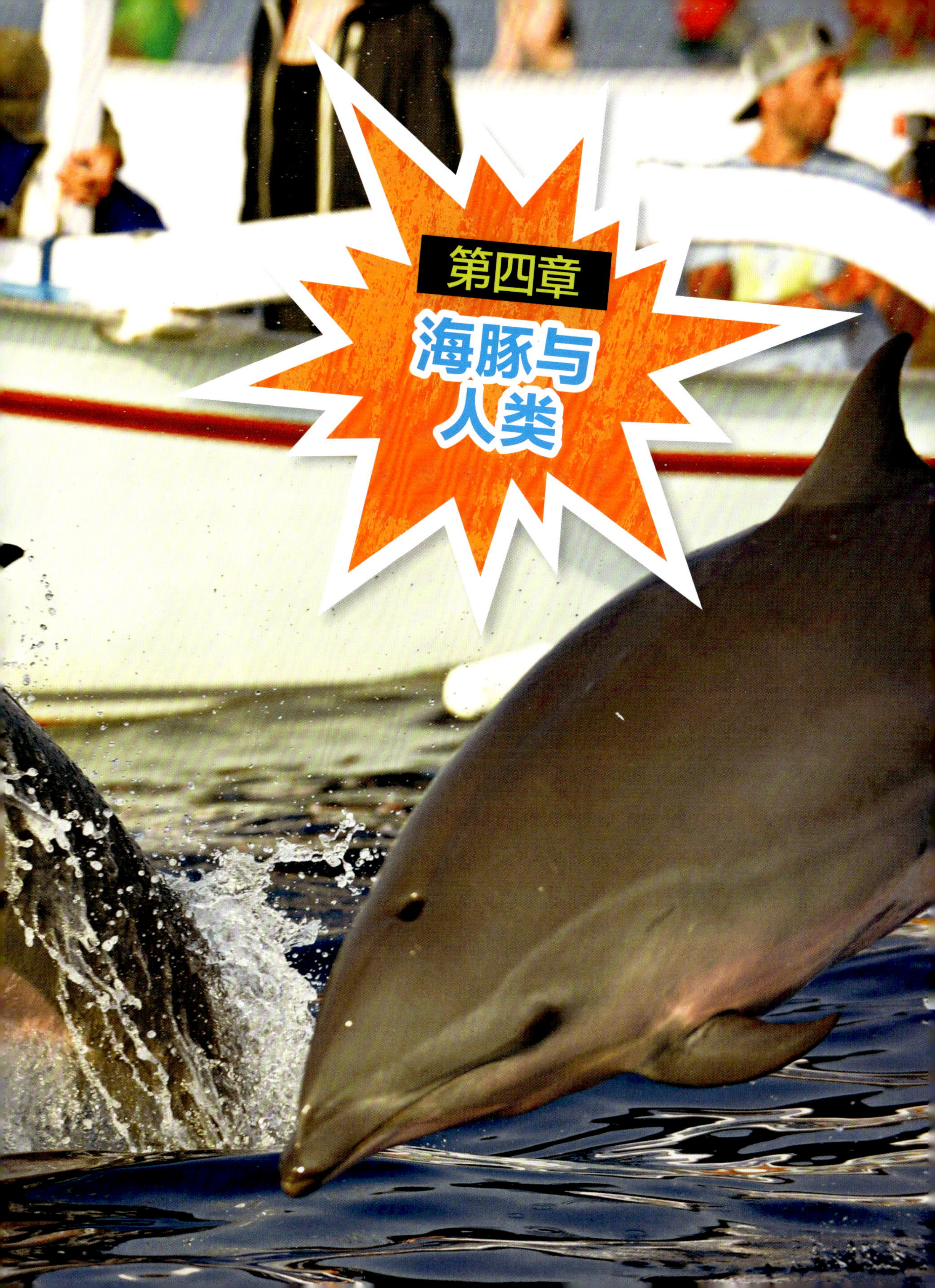

人类和海豚必须学会和平共处。

我相信这是能够做到的，我愿意为此努力。通过研究，我已经确定了伊豚在泰国湾中的主要栖息地

贾丝廷·杰克逊－里基茨

了解海豚栖息地的一个有效方法是研究它们的饮食。我分析了很多搁浅的海豚——被冲上岸或漂浮在水面上的海豚。我采集它们的皮肤和牙齿样本进行实验，确定其中所含的化学物质。化学物质的种类能够反映海豚吃了什么食物。通过记录发现海豚的时间和地点，寻找它们的食物来源，我就可以绘制伊豚的"栖息地图"。

我们研究海豚以哪种动物为食，再把研究结果与追踪海豚获得的信息进行比较，就可以确定海豚的捕食区域。人类应该避免进入这些区域，特别是渔船和生态观光船。我们与泰国政府密切合作，以实现共同的目标：设立禁止船只通行的海豚保护区，给伊豚提供一个捕猎、进食和繁殖的安全海域。

减少渔业活动，也有益于其他海洋哺乳动物、鱼类和植物的生长，最终形成一个物种丰富、健康的生态系统。海洋哺乳动物被钓线或渔网意外捕获的情况也将大幅减少。在保护区内，人类与海豚争抢鱼类的情况将不复存在。这有可能实现吗？我们希望如此。每个国家都有责任在本国水域内实施相关法律。一些国家已经设立了海洋保护区。他们证明人类和海豚可以和平共处，创造更好的环境。我希望未来研究和教育能使这些神奇的水生动物在地球上繁衍生息。

一只伊豚过
来讨要零食。

一些国家设立了**禁止船只**通行的**海洋**保护区。

游客搭乘小船在湄公河上观赏伊豚。

很久之前，
人类就为
海豚所着迷。

古希腊人将海豚称为"圣鱼"。他们相信，在海上遇到海豚的人会有好运气。伤害或杀死海豚是违法的，犯罪者将被判处死刑。

如今，人们仍然觉得海豚十分迷人，希望保护它们。谁不愿意这样做呢？它们跃出水面，修长的身体在空中留下美妙的弧线；它们神秘的微笑，似乎表达了生活的喜悦；

它们结群而居，改善了每一个个体的生活……海豚确实是一种神奇的哺乳动物。为了确保这些动物能够在地球上繁衍生息，人类每年都要投入数百万美元用于研究和保护海豚。

化石

世界各地都有鲸、海豚和鼠海豚研究机构。科学家研究野外以及海洋哺乳动物中心和水族馆等人工饲养环境中的动物。此外，还有科学家研究化石。

一说到"古生物学家"，你可能会想起研究恐龙的科学家。然而恐龙并不是唯一一种吸引古生物学家的史前生物。古生物学家也研究古老的鲸目动物。古生物学家在世界各地发现了长着鲨鱼牙齿的海豚、古老的淡水豚，甚至还有"会走路"的鲸。

保存好那块石头！

在美国北卡罗来纳州勒琼营附近，一块奇形怪状的卵石被海水冲到岸上。它看起来并不起眼，似乎只是一块形状有点儿奇特的石头。幸运的是，它被人送到了史密森学会。多年以后，古生物学家特拉维斯·帕克博士见到这块石头并进行了研究。原来，这块奇怪的石头是一块耳骨，属于2600多万年前的一种海豚——异乡鲸。这块耳骨与当代海豚的耳骨非常相似。帕克博士和他的团队正在研究这块骨头。他们认为它能帮助科学家破解鲸目动物回声定位之谜。多么幸运的发现！

这块微小的海豚耳骨已有2600万年的历史。

在秘鲁南部靠近大海的一片小沙漠里，出土了三种古老的海豚化石。等等，在沙漠里发现了海豚？这么说并不完全准确。这里现在虽是沙漠，但科学家认为，1600多万年前这里是南太平洋的一部分。这三副骨骼中，有两副的头骨保存得非常完整，这是科学家首次发现这类动物完好无损的骸骨。这些海豚被称为角齿海豚，它们似乎与濒临灭绝的恒河喙豚有亲缘关系。解开鲸目动物进化之谜的关键就在于化石，而这一罕见的发现就是最好的例证。

给海豚佩戴GPS追踪相机。

海豚研究现状

研究海豚化石只是数百个正在进行的研究项目之一。像贾丝廷这样的研究人员经常连续数日乘小船追踪海豚。观察和做笔记是很多研究项目的重要内容。有的项目需要捕捉海豚，为它们佩戴GPS追踪装置。还有的项目要求以人道的方式捕捉海豚，采集血液和组织样本进行测试。无论是哪种类型的项目，首先要考虑的是海豚的健康和安全。

贾丝廷开展研究时，调查船会与海豚保持安全距离，避免干扰它们的正常活动。他们不希望海豚受到惊吓，或是不小心游进渔网和浅水区被困住。研究人员使用

史前海豚化石。

贾丝廷·杰克逊－里基茨的一天

我们的研究由整个团队合作完成，队员来自世界各地。

准备工作

- 起床
- 与其他队员共进早餐
- 确保所有设备都充好电、打包，准备出发
- 设备装车，前往码头
- 设备装船，人员就位
- 前往第一个观测点
- 在途中准备好数据记录表，确保GPS设备接通电源

我们的调查船满载仪器，准备起航。

收集数据

- 驾船沿预定的断面行驶，记录环境数据
- 沿预定线路行驶，计数船只和固定设备，记录GPS坐标
- 如果观察员发现海豚，停船记录环境数据。观测海豚的数量、群体构成和行为。追踪海豚或继续沿预定航线行驶。如果不改变航线就能收集海豚的相关信息，则继续行进；如果不能，则追踪海豚直到能够收集到数据
- 如果未发现海豚，每30分钟停船

测量环境数据
- 在航线终点测量环境数据
- 开始沿下一断面航行，重复上述操作
- 中午休息吃午饭
- 继续工作直至风浪过大或天色变暗

返航

- 在返航途中整理物品，确保记录表排列有序、妥善保管
- 船只进港，把设备搬到卡车上
- 返回休息地
- 洗澡
- 与其他队员共进晚餐
- 从GPS设备和环境测量仪器中读取数据
- 给所有电池充电
- 将数据表中的数据输入计算机，并上传到云端
- 睡觉，第二天继续工作

一只伊豚在拍打水面。

落日中的调查船。

研究人员必须与当地政府合作，以得到他们的支持。

专业设备观察海豚，并进行记录、拍摄照片以供日后查看。贾丝廷的研究区域主要是泰国附近海域，泰国政府禁止科学家干扰海豚的生活。这意味着他们不能采集活体组织和血液样本。研究人员必须遵守政府的法规，与政府保持合作，这样政府才会支持、尊重他们的研究。

海豚的饮食结构也是他们研究的内容。根据法律规定，科学家不能接触活海豚，因此他们只能研究自然死亡或被渔网困住意外死亡的海豚。他们把海豚的尸体带回实验室进行测试，以确定海豚生活和捕食的区域。这项研究旨在获取有关伊豚的信息，提交给泰国政府，使其更好地保护海豚生活的自然环境。

倾听

数位研究人员发明了各种工具，试图破解海豚交流的密码。一种设备可以录制和回放海豚呼唤同伴的声音、哨声和咔嗒声。他们想用这个装置播放声音，观测海豚的反应。这将有助于研究人员了解这些声音的含义。这项研究可能需要多年时间，因为每只海豚都有自己独特的声音和交流方式。尽管如此，科学家希望有朝一日人类能与海豚"交谈"。

另一个有望实现这个目标的项目，使用的是平板电脑。海豚研究人员杰克·卡塞维茨设计了一个应用程序，一只名叫莫林的海豚学会了用它进行交流。杰克教莫林辨认图片。如果它认出图片中的物品，就用喙状突起触碰屏幕。图片中可能是大黄鸭、球或圆圈。关键在于，莫林触碰屏幕时，通常会发出声音——咔嗒声或哨声。平板电脑会录下这个声音，并将其与图片内容关联起来。在几个月的时间里，杰克建立起与声音关联的词汇库。也许有一天，科学家可以用这个词汇库创造出与海豚互动的语言。

海豚非常聪明，能很快学会这些游戏。你能想象海豚使用平板电脑吗？这是不是一个奇怪的场景？或许不是。事实证明，海豚能听懂60个甚至更多词汇。这些词汇可以组

研究人员使用录音设备倾听海豚的声音。

杰克·卡塞维茨教海豚使用平板电脑。

与海豚聊天

研究员丹尼斯·赫岑和海豚一起生活了30多年。 她希望理解海豚的语言并与它们交流。她多年的努力没有白费。赫岑和同事们发明了一种电子键盘，方便海豚与人类双向交流。这种设备名叫"鲸目动物倾听与遥测装置"。这种防水装置能探测到海豚发出的声音，并将其传送给潜水员。这样潜水员就能听到海豚在说什么。随后，潜水员再通过这个储存了海豚数百种声音的装置发出信号，回应海豚。丹尼斯尝试向海豚发出自己独特的哨声，让它们辨认出自己的声音。她还致力于教海豚识别物体和文字。海豚天生善于模仿，所以它们有时会重复自己听到的声音。问题是，它们是否理解自己重复的声音？或者它们只是在模仿？尽管如此，这项技术看起来充满希望，也许有一天能够打破人类和海豚之间的交流障碍。

丹尼斯·赫岑尝试用哨声与海豚交流。

成约2000个句子。这已经相当复杂了。如果我们也能听懂它们的语言就好了！

军事助手

通过科学研究，我们不仅可以深入了解鲸目动物，还能模仿这些动物的独特技能。20世纪60年代以来，美国海军一直在研究海洋哺乳动物。他们的目标是了解海豚和白鲸如何使用声呐。他们基于研究成果设计出更有效的方法在水下寻找物体。他们还研究海豚为何能游得快、潜得深，从而提高舰

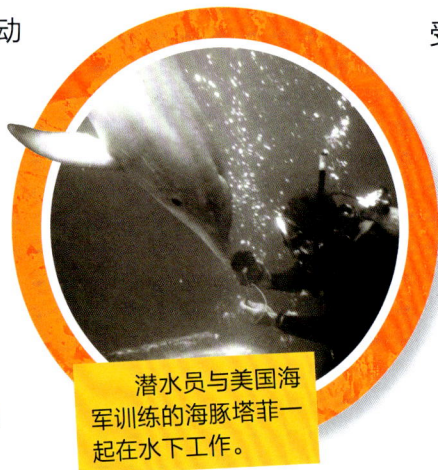
潜水员与美国海军训练的海豚塔菲一起在水下工作。

艇和潜艇的航行速度。不止如此，美国海军还为海豚设计了训练计划，教会海豚帮助人类潜水员寻回物体。

1965年，"美国海军海洋哺乳动物项目"首次让海豚参与实际行动。受过训练的宽吻海豚塔菲往返于海面和位于水下200米的美国海军"海底实验室II"，为实验室工作人员运送邮件和工具。它还学会了照顾潜水员，在需要时引导他们前往安全的地方。宽吻海豚大部分时间

美国海军设立海豚训练项目，教会海豚寻回物体。

一只受过训练的海豚帮助军方人员完成作业。

海豚为人类标识教练雷。

参战

美国海军曾在战争中使用海豚协助船只和潜水员。战争期间，他们派出五只海豚巡逻，阻止敌方人员从水下接近驻扎在那里的海军舰艇。海豚会用喙状突起轻推游泳者，迫使他们离开。海豚还受训监视水下的情况，第一时间发现水雷等外来物体。

20世纪80年代后期，海豚又被送至波斯湾参与两伊战争。它们执行水下监视、保障任务，护送科威特油轮安全通过海湾。

都生活在浅海中，潜水深度不超过44.8米。然而塔菲却学会了深潜。它能下潜到300米深的地方，创造了海豚最深潜水记录。这深度相当于巴黎埃菲尔铁塔的高度。

塔菲训练成功之后，更多海豚加入了这个项目。训练对象还拓展到白鲸和海狮。它们可以完成各种各样的任务，包括保护船只不被游泳者攻击、定位目标并将物体放置到目标上、探测水雷等。这些动物都生活在加利福尼亚和佛罗里达的海军研究基地，受到悉心照料。

时至今日，海洋哺乳动物项目仍在实施，但参与其中的海洋动物比以往少得多。海军的海豚和海狮继续接受日常训练，并与舰艇一起参加一年一度的太平洋演习。在技术能够取代它们之前，海军计划继续使用这些海洋哺乳动物。正如一位海军研究人员所说，没有什么能像300千克重的海狮那样有效阻止游泳者。想象一下那个场景，还真是挺可怕的，不是吗？

美国海军训练海豚侦查水雷、运送设备、定位物体。

海军饲养的海豚和海狮接受日常训练，并与舰艇一起参加一年一度的太平洋演习。

你也能成为海豚科学家

你愿意更深入地了解海豚？ 你希望理解它们的想法、行为和语言？那为什么不去研究海豚呢？这需要付出努力和耐心，不过这份工作值得付出，而且充满乐趣。首先，你要上大学，获得以下任意一个专业的学位：

● **生物学或动物学。** 生物学是研究生命和生物体的科学。动物学是专门研究动物的科学。研究海豚的海洋生物学家或动物学家主要研究海豚的生活史。他们与搁浅、生病或死亡的海豚打交道，试图弄清楚它们生病或死亡的原因。他们对海豚的身体构造、饮食结构和繁殖方式感兴趣。

潜水是海豚研究人员的必修课。

斯坦·库克扎博士向海豚展示图片并记录海豚的理解和辨识情况。

● **听力学。** 听力学的研究内容是生物体的听力和平衡。听觉学家和声学工程师研究海豚如何通过回声定位导航。

● **心理学和精神病学** 希望了解大脑如何工作以及生物体如何思考。研究人员专注于人类与海豚互动对人类身心所带来的影响。

● **实验心理学** 希望了解海豚如何思考，如何感知周围环境和其他海洋动物。

● **行为神经学** 研究不同动物的语言。研究人员想学会与海豚交流。

这些学科有助于了解海豚，研究它们如何融入我们的世界。

危险的野外

人类和海豚之间的互动并非都是有益的。海豚和鲸都处于海洋食物链的顶端，因此它们最大的威胁就是我们。虽然人类已经意识到这个问题，但海豚仍然面临着威胁。2006年，白鳍豚灭绝。许多国家已颁布法律禁止人类捕捉海豚作为食物或进行交易，因此这样的直接威胁只存在于部分地区。然而，还有更严重、出现更频繁的间接威胁，即"副渔获"。

副渔获是指由于海洋哺乳动物被钓线或渔网缠住而将其意外捕获。例如，黄鳍金枪鱼以及原海豚、长嘴海豚和普通海豚都以同样的猎物为食：鱿鱼和小型鱼类。尽管它们似乎不会争夺食物，甚至没有意识到彼此的存在，但金枪鱼和海豚经常一起出现。很多渔民捕捞黄鳍金枪鱼卖给罐头工厂，以此为生。渔民发现，如果发现了海豚，金枪鱼很可能也

在附近。于是他们追随海豚布下渔网。金枪鱼游进了渔网，但同时海豚和其他海洋动物也被捕获。海豚被渔网牵制，无法浮出水面呼吸，终而死亡。

20世纪50年代初，人们开始大规模使用渔网。据估计，当时每年有多达3.5万只海豚溺死。1972年美国颁布《海洋哺乳动物保护法》，禁止渔船以任何方式伤害海豚。于是渔民采用新的捕鱼方法，即放慢收网速度，使海豚有充足的时间逃脱。这对海豚来说是个好消息，但鲨鱼、刺鲅、旗鱼和濒危海龟的境遇并未得到改善。渔民捕获这些动物后往往将其直接丢弃。

为捕捞金枪鱼而张开的网并不是海豚面临的唯一威胁。刺网、浮漂渔网和拖网渔船都会意外捕获海豚。刺网主要布放在沿岸浅水地带。它们非常大，由尼龙精心编织而成，可以勾住鱼的鳃部。大多数渔民晚上布网，所以动物难以察觉，甚至是使用回声定位的动物也不例外。闯入刺网的动物几乎无一幸免。

浮漂渔网就是规模巨大的刺网，一般用于在开阔水域进行捕捞，长度能达到64千米，深度达12米。从渔网这一端驾车驶向另一端需要35分钟。总而言之，这是一张巨大的网。你能想象有多少海洋动物会被困其中

刺网、浮漂渔网和拖网渔船也会意外捕获海豚。

巨大的渔网在捕鱼的同时，也捕获了海豚。

吗？很多很多。据估计，每年浮漂渔网捕获的鱼及其他海洋动物能达到数百万只。万幸的是，大多数国家已经颁布法律禁止使用浮漂渔网。1992年，联合国制定了禁用浮漂渔网的自愿准则，很多国家表示赞成。日本和韩国彻底取缔了这种作业方式，甚至回购渔民持有的浮漂渔网。美国也支持这一禁令，2006年颁布《马格努森-史蒂文斯渔业养护和管理法》，解决浮漂渔网非法和不报告使用问题。

拖网渔船在船后拖着长长的渔网。当渔船在水中行进时，位于海洋中层的渔网即可捕获成千上万的鱼及其他海洋生物。渔民感兴趣的是鳕鱼、鳎及其他底栖鱼，但海豚、鼠海豚甚至小鲸鱼也会被困在网中。渔民如

何处理他们不想要的鱼和其他动物呢？直接扔掉。在美国的阿拉斯加，仍有50多艘拖网渔船在作业，每年被遗弃的鱼类尸体超过2.63亿千克。

过度捕捞

食物短缺也是海豚等海洋哺乳动物面临的严峻问题。人类的过度捕捞浪费了大量的海洋鱼类，对海洋食物链造成了严重影响。

过度捕捞是指生态系统中减少的鱼数量过多，无法通过自然繁殖得到补充。举个例子，如果生态系统中每天新增5000条鱼，连续一周内，每天都有2万条鱼被捕获，那么鱼类需要28天才能恢复原来的数量。如果这些鱼是海豚的食物来源，海豚就不得不迁徙到

意外伤害

副渔获是伊豚面临的一大威胁。 一些地区采用电捕鱼或投毒捕鱼的方式，也会导致副渔获。电捕鱼是指在海水中释放电流。电流把鱼击昏，渔民借此机会进行捕捞。在这个过程中，海豚也可能受到电击而眩晕甚至死亡。投毒捕鱼是指故意将氰化物等有毒物质投入海洋。生物中毒后无法再移动，渔民就能够捕捞他们想要的鱼和活珊瑚。接触到有毒物质的海豚也会生病甚至死亡。电捕鱼和投毒捕鱼都是违法行为，但执法难度很大。工作人员必须在现场目睹这种情况后才能采取行动，而这在浩瀚的海洋中是不可能的。

因此，研究海豚的饮食具有重要意义。如果我们能确定海豚的栖息地，就能引导渔民去其他海域捕鱼，减少副渔获对海豚的影响。

贾丝廷·杰克逊—里基茨

商业捕鱼作业意外捕获的小鲨鱼。

其他地方寻找新的食物来源。另寻栖息地并非易事。只有水温和深度适当、没有天敌、食物充足的水域才能作为栖息地。

由于越来越多的海豚群为了寻找新的食物来源而迁徙，它们定居一地的可能性不断增加。如此一来，它们就必须争夺食物。实力较弱的海豚抢不到食物就会死亡，最终导致海豚数量减少，海豚群的规模变小。过度捕捞增加了一些物种灭绝的风险。

水温升高

海洋变暖也是我们的海洋哺乳动物朋友担心的问题。大气中二氧化碳增加引起气候变化，进而使海洋温度升高。水温上升影响了某些地区猎物的数量，使海豚不得不扩大它们的栖息地。海豚和鲸虽然能自行调节体温，但科学家尚不确定它们对环境变化的适应能力。此外，气候变化还导致了一些奇怪的现象。例如，过去从

北极熊站在北冰洋中漂浮的海冰上。

探险家的背包里有什么？

如果要在海上连续作业好几个小时，那一定要正确整理背包。贾斯廷和队员出海调查时会携带：

GPS装置

数据记录表和铅笔

望远镜

水壶

防晒霜

偏光太阳镜

照相机

零食

帽子

环境要素测量设备

打发时间用的听音乐设备

塑料垃圾困扰着所有海洋动物。

污染对海洋和所有海洋哺乳动物造成危害。

溢油破坏海滩和海洋栖息地。

不捕食海豚的北极熊，现在也将海豚作为猎物。这显然会影响海豚的数量。

污染问题

污染也会危害海洋和所有海洋哺乳动物。污染是指向自然环境中排放有害物质，对环境造成不良影响。换句话说，污染破坏了生态系统。海洋中的垃圾属于污染，排入海洋或在其中扩散的化学物质或毒素也属于污染。

人们从船上向海洋中丢弃垃圾或将垃圾遗留在岸边，甚至还有船只故意向海中倾倒垃圾。研究表明，超过56%的鲸目动物吞食过垃圾，其中宽吻海豚和一些鲸类吞食的垃圾数量最多。对海洋哺乳动物危害最大的垃圾是海洋中漂浮的塑料微粒。沐浴乳或洁面乳中的保湿粒子以及毛绒夹克中的织物纤维都属于微塑料。它们最终会被冲进海洋。海豚不小心吞下的微塑料会滞留在它的胃或肠内，影响进食。即使海豚摄入充足的食物，也可能无法消化。不过，也有简单的解决办法，那就是负责任地处理垃圾，避免购买含微塑料的产品，这都有助于减少最终进入海洋的微塑料。

化学污染

不幸的是，污染海洋的不仅仅是垃圾。在海洋中发现的化合物和来自人类的污染物也威胁着海洋中的居民。这类污染物包括杀虫剂、除草剂、化肥、清洁剂、石油、污水、塑料及其他固体。这些物质大多沉到海底，被微小的海洋生物吃掉。这些生物又依次被其天敌捕食。这意味着海洋食物链中的每一种动物都摄入了这些污染物。你可能已经猜到，这些物质对动物无益，如果富集程度过高还具有毒性。

污染也影响着人类。我们位于食物链顶端，食用鱼和其他海鲜，因此这些污染物最终都会进入我们的胃。事实上，在食物链中地位较高的动物比地位较低的动物摄入的污染物更多。这就是生物富集：不同海洋生物摄入的污染物不断积累。美国国家海洋和大气管理局估计，仅美国每年就要吃掉超过22亿千克海产品，人均7.2千克。有人可能会认为，浩瀚的海洋会稀释或淡化倾倒在海洋里的化学物质。然而事实并非如此，因为化学物质的数量实在太过庞大。

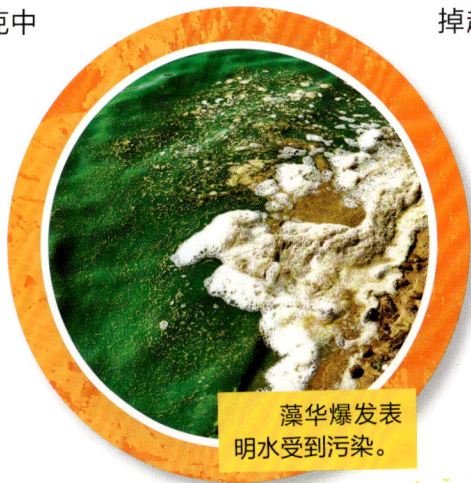

藻华爆发表明水受到污染。

集体力量大

由于淡水豚等物种的数量日益稀少，人们争相伸出援手。各方开展行动，加深公众对海豚和鲸的认识。政府实施海洋哺乳动物保护法，同时对野生动物和圈养动物进行保护。一些组织监督海洋哺乳动物的处境并提出建议。

国际捕鲸委员会成立于1946年，旨在保护各类鲸，维持其数量。他们监督并核准捕鲸行业的捕鲸数量。

国际自然保护联盟物种存续委员会，制订专门计划来保护宽吻海豚等物种。消除或大幅减少副渔获物也是他们关注的问题。

一只宽吻海豚跃入空中。

跃出水面的座头鲸。

《濒危野生动植物种国际贸易公约》保护海洋中的所有鲸目动物。工作人员了解濒临灭绝的物种的生存情况，努力通过研究改善它们的栖息地，使它们繁衍生息。

美国国家海洋渔业局负责监管美国境内影响海豚的所有活动。他们协助保护栖息地、管理与海豚相关的海洋资源。

一只布氏鲸正在追逐它的午餐。

WARNING
HELP PROTECT OUR WILDLIFE
DON'T FEED, TOUCH, OR DISTURB
MARINE MAMMALS
IT'S HARMFUL AND ILLEGAL
PERSONS FEEDING, TOUCHING OR DISTURBING MARINE MAMMALS
IN THE WILD COULD BE SUBJECT TO CIVIL OR CRIMINAL PENALTIES
UNDER PROVISIONS OF THE MARINE MAMMAL PROTECTION ACT.
REPORT VIOLATIONS TO THE NMFS ENFORCEMENT HOTLINE: 1-800-853-1964
NATIONAL MARINE FISHERIES SERVICE

注意标志牌上的警示，保护海洋动物。

藻华爆发愈加频繁就是这些污染物造成危害的证据。藻华是某个区域内藻类数量迅速增加引起的。藻类是微小的海洋植物，在生长过程中需要吸收水中的氧气。藻类迅速生长导致海水的含氧量大幅下降，影响生活在同一水域的动植物。如果藻华达到一定规模，会耗尽海水中的氧，形成死亡区。海洋动物无法在死亡区生存。这些区域内珊瑚礁等无法活动的生物也会死亡。一般认为，藻华是肥料流入海洋引起的，含氮肥料的影响尤为严重。藻华不仅会伤害生物个体，还会危及整个生态系统。

追踪微量元素

那么，我们能否确定海豚接触过哪种污染物呢？海洋生物学家玛丽莎·特雷戈认为这是可行的。她已经在美国加利福尼亚州圣地亚哥州立大学的生态保护实验室开展研究。他们从生活在加利福尼亚州沿海地区的真海豚身上提取脂肪层样本，通过实验检测其中污染物的组成。海豚体表这层特殊的脂肪使它们保持温暖，同时也会吸收水中的化学物质。玛丽莎希望通过分析脂肪层中的化学物质，弄清楚海豚栖息地中污染物的种类与来源。

玛丽莎的团队与圣地亚哥州立大学的另一位科学家尤娜·霍博士合作，鉴别出超过327种化合物。其中一些是对海豚有害的杀虫剂。他们仍在努力工作，鉴定其他化合物，并创建数据库。他们希望能够确定出脂肪层中含有的每一种化合物。

研究污染物对海豚影响的工作远未结束。玛丽莎和她的团队还检测了海豚的激素水平。激素是海豚自身分泌的化学物质。脂肪层中的激素水平可以反映海豚的健康状况。如果他们最终能找到脂肪层中污染物和

海豚可以从水中吸收微量的石油。

海洋生物学家玛丽莎·特雷戈在实验室里检测样本。

103

激素的关系，那么就能得出重要结论。

你也能帮助海豚！

人类是海豚最危险的敌人，也可以成为海豚最有力的支持者！你可以通过很多方式帮助海豚生存下去。污染是海洋面临的一大问题，最好的解决方案是遵循减少垃圾和循环利用的原则。注意减少自己产生的垃圾数量。如果你能少用一些东西就达到目的，那就这样去做。或者，如果你必须使用，则考虑重复利用。不要每次去杂货店都使用新的塑料袋，你应该携带可以重复使用的布袋。父母要洗衣服时，尽可能把洗衣机填满，这样就可以减少用水。把衣物放入洗衣机前先检查一下标签，看看是否含有微塑料。选购低磷洗涤剂，因为这种化合物最终会流入海洋造成污染。

使用堆肥和天然营养素以减少种植作物使用的肥料。另外，自己拔除杂草，不要使用除草剂。

参与本地的海洋哺乳动物保护项目，成为志愿者。为此，你可以去当地的水族馆或动物园看看。参与海滩清洁活动或自己发起这样的活动。学习海豚和鲸的相关知识并与他人分享。人们对这些神奇生物的了解越多，就越有可能帮助它们。永远不要放弃。一个人的力量虽然有限，但也能改变我们的海洋哺乳动物朋友的生活！

堆肥是循环利用的绝佳方式。

提醒人们不要向海洋中丢弃垃圾的标志牌。

ΔΙΑΤΗΡΕΙΤΕ ΤΗΝ ΠΑΡΑΛΙΑ ΚΑΘΑΡΗ
KEEP THE BEACH CLEAN

法国沿海地区的养鱼场。

环保海鲜

　　大多数人吃海鲜是因为它好吃又健康。可是你的选择会危害海洋环境吗？过度捕捞某些物种会在海洋中引起大问题。商业捕鱼活动有时会意外捕获海龟等海洋哺乳动物。最环保、可持续的海产品来自渔业和农场。在这里，鱼被饲养在可控的水生环境中。它们的收获对其种群的影响很小，而且可以为很多人长时间提供食物。最重要的是，这些物种对海洋栖息地没有危害。很多餐馆都有环保海鲜菜单。下次去的时候，一定要看看这个菜单！

环保食品：自制烤芝麻金枪鱼排配酱油。

深入了解

清洁海滩

如果你住在海滩附近，而且想帮助海洋动物，那么你可以发起海滩清洁活动。即使你住的地方远离大海，你也可以贡献一份力量：当你去海边度假的时候，参与当地的海滩清洁活动；给住在海边的朋友和家人写邮件；提醒你认识的每一个人，记得带走自己的垃圾。

你需要的物品：

签到表

垃圾袋

防晒霜

手套

装冰镇饮料的小冰箱

急救包

组织海滩清洁活动：

1. 请几位成年人协助完成组织工作。

2. 选择一处海滩，清洁面积不要过大。

3. 邀请朋友和家人参与。

4. 确定时间。

5. 携带物品。

6. 提醒所有人要小心，不要捡拾看起来非常尖锐或危险的物品。请成年人来处理这样的物品。

7. 如果你见到死亡的海洋动物，联系当地的鱼类和野生动物中心寻求帮助。

伊丽莎白·卡尼，《美国国家地理少儿奇趣小百科：友善的海豚》，美国国家地理，2012年。

莫伊拉·罗斯·多诺休，《我最好的朋友——海豚！更多关于海豚的真实故事》，美国国家地理，2017年。

弗利普·尼克林，《海豚面对面》，美国国家地理，2007年。

约翰娜·里佐，《海洋动物：谁在蓝色海洋里？》，美国国家地理，2016年。

克里斯蒂娜·威尔斯顿，《终极海洋百科》，美国国家地理，2016年。

美国国家地理"未开发海洋计划"

昂里克·萨拉博士致力于寻找并保护海洋中未被开发的海域。保护这些海域不仅能保障它们的安全，还能帮助研究人员了解健康的海洋生态系统应该是什么样子。如果你想了解更多信息，请访问national geographic.org/projects/pristine-seas。

逆戟鲸

长嘴海豚

原海豚

索引

图片出处

GI = Getty Images, SS = Shutterstock

COVER (UP), Christian Musat/Alamy Stock Photo; (LE), Andrea Izzotti/GI; (LO RT), Dmitri Ma/SS; (J. Jackson-Ricketts), Eve Edelheit; SPINE, Neirfy/SS; BACK COVER, Norbert Wu/Minden Pictures; 1, Willyam Bradberry/SS; 2-3, Chase Dekker/Wild-Life Images/GI; 4 (LE), Andrea Izzotti/GI; 4 (RT), Robin Chittenden/Minden Pictures; 5 (LE), Chase Dekker Wild-Life Images/GI; 5 (RT), Malcolm Schuyl/FLPA/Minden Pictures; 6 (UP), Eve Edelheit; 6 (LO), Roland Seitre/Minden Pictures; 7 (UP), Lotus_studio/SS; 7 (LO), Eve Edelheit; 8-9, Andrea Izzotti/GI; 10 (UP), Eve Edelheit; 10 (LO), odd-add/SS; 11 (UP LE), Mike Theiss/National Geographic Creative; 11 (UP RT), Francesco Ocello/SS; 11 (LO), Benny Marty/SS; 12, Wild Horizons/UIG via GI; 13 (UP), mauritius images GmbH/Alamy Stock Photo; 13 (LO), IrinaK/SS; 14 (CTR), Stocktrek Images, Inc./Alamy Stock Photo; 14 (LO CTR), The Natural History Museum/Alamy Stock Photo; 14 (LO), Nobumichi Tamura; 15 (UP), Hilary Andrews; 15 (LO), Christian Darkin/Science Source; 16 (UP), Joost van Uffelen/SS; 16 (LO), FineShine/SS; 17 (UP), Andreas Maecker/Alamy Stock Photo; 17 (LO), Jo Crebbin/SS; 18 (UP LE), Morales/GI; 18 (UP RT), Martin Hale/Minden Pictures; 18 (LO), Anirut Krisanakul/SS; 19 (UP), Solvin Zankl /Minden Pictures; 19 (LO), Elise V/SS; 20 (UP), think4photop/SS; 20 (LO), aDam Wildlife/SS; 21 (CTR), Kevin Schafer/GI; 21 (LO), sethakan/GI; 22 (UP), Fotosearch/GI; 22 (CTR LE), Photo Researchers/GI; 22 (CTR RT), Tory Kallman/SS; 22 (LO), Tobias Bernhard/GI; 22-23, NG Maps; 23 (UP), Christian Musat/SS; 23 (CTR LE), robertharding/Alamy Stock Photo; 23 (CTR RT), Volvox Inc/Alamy Stock Photo; 23 (LO), Michael Nolan/GI; 24, Masa Ushioda/SeaPics.com; 25 (UP), Garsya/SS; 25 (LO), Dolphin Research Center, Grassy Key, FL. www.dolphins.org; 26-27, vkilikov/SS; 28, Willyam Bradberry/SS; 29 (UP), Da-ga/SS; 29 (CTR), Stuart Westmorland/GI; 29 (LO), KKulikov/SS; 30 (UP), Dmitri Ma/SS; 30 (CTR), Maxim Krivonos/SS; 30 (LO LE), Lori Epstein/NG Staff; 30 (LO CTR), stanley45/GI; 31, GreenBelka/SS; 32-33, Robin Chittenden/Minden Pictures; 34 (UP), Eve Edelheit; 34 (LO), odd-add/SS; 35 (UP LE), Roland Seitre/Minden Pictures; 35 (UP RT), Francesco Ocello/SS; 35 (LO), Anthony Pierce/Alamy Stock Photo; 36 (LE), Stephen Frink/GI; 36-37 (CTR LO), Kevin Schafer/Minden Pictures; 37 (UP), Michael Seleznev/Alamy Stock Photo; 37 (LO RT), Tom Middleton/SS; 38-39, Norbert Wu/Minden Pictures; 40, Tier Und Naturfotografie J und C Sohns/GI; 41 (A), Tony Campbell/SS; 41 (B), Martens Tom/SS; 41 (C), Mark Caunt/SS; 41 (1), Tory Kallman/SS; 41 (2), SCOTLAND: The Big Picture/Minden Pictures; 41 (3), Tory Kallman/SS; 42 (UP), byvalet/SS; 42 (LO), Dmitri Ma/SS; 43 (UP LE), Vitaly Korovin/SS; 43 (UP RT), mania-room/SS; 43 (LO LE), Daniel Price/Science Source; 43 (LO RT), Pedro Narra/Minden Pictures; 44 (CTR), Uko Gorter; 44 (LO LE), Andrea Izzotti/GI; 44 (LO RT), Alicia Chelini/SS; 45 (CTR), Sarasota Dolphin Research Program/NOAA; 45 (LO LE), Rachel Ceretto/GI; 45 (LO RT), Kwiktor/Dreamstime; 46, muuraa/SS; 47 (UP), Mark Carwardine/Minden Pictures; 47 (LO), Brian J. Skerry/National Geographic Creative; 48 (UP), Claus Lunau/Science Source; 48 (CTR), Geoff Brightling/GI; 49 (UP), Levent Konuk/SS; 49 (LO), Raul Martin/National Geographic Creative; 50 (UP), dpa picture alliance/Alamy Stock Photo; 50 (CTR), imageBROKER/Alamy Stock Photo; 50 (LO), IML Image Group Ltd/Alamy Stock Photo; 51 (UP), Glenn Price/SS; 51 (CTR), Dmytro Pylypenko/SS; 51 (LO LE), Yellow Cat/SS; 51 (LO RT), Lotus_studio/SS; 52 (UP), Yellow Cat/SS; 52 (LO), Tory Kallman/SS; 53 (bottlenose), Pannochka/Dreamstime; 53 (shrimp), Weerachai Khamfu/SS; 53 (mackerel, eel, & herring), Evlakhov Valeriy/SS; 53 (spinner), Flip Nicklin/Minden Pictures; 53 (jellyfish), Jiri Vaclavek/SS; 53 (Hector's), Andreas Maecker/Alamy Stock Photo; 53 (crab), chuyuss/SS; 53 (flounder), Haizhen Du/SS; 53 (orca), Martin Ruegner/GI; 53 (sea lion), Eric Isselée/SS; 53 (shark), Jim Agronick/SS; 54 (UP), Jeff Rotman/GI; 54 (LO), David Jefferson/Alamy Stock Photo; 55 (LE), Gavin Parsons/GI; 55 (RT), Jason Edwards/National Geographic Creative; 56 (UP), Dmitri Ma/SS; 56 (CTR LE), Ingram; 56 (CTR RT), irabel8/SS; 56 (LO), fstop123/GI; 57 (UP), holbox/SS; 57 (CTR LE), Eugenesergeev/Dreamstime; 57 (CTR RT), Emily Frost/SS; 57 (LO), Ken Hurst/SS; 58-59, Chase Dekker Wild-Life Images/GI; 60 (UP), Eve Edelheit; 60 (LO), odd-add/SS; 61 (UP LE), Wild Horizons/UIG via GI; 61 (UP RT), Francesco Ocello/SS; 61 (LO), Jeff Rotman/GI; 62 (LO LE), mikeuk/GI; 62 (LO CTR), Karoline Cullen/SS; 63 (CTR), Daniel McCoulloch/Digital Vision; 63 (LO RT), Hiroya Minakuchi/Minden Pictures; 64 (UP), Monika Wieland Shields/SS; 64 (LO), Roland Seitre/Minden Pictures; 65 (UP), Shawn Jackson/Dreamstime; 65 (LO), Danita Delimont/GI; 66, Brian J. Skerry/National Geographic Creative; 67 (UP), Brian J. Skerry/National Geographic Creative; 67 (LO), Daniel McCoulloch/Digital Vision; 68 (UP), Kevin M. McCarthy/SS; 68 (LO), Mitsuaki Iwago/Minden Pictures; 69 (UP), Shane Gross/SS; 69 (LO), Rafel Al Ma'ary/Minden Pictures; 70, Lori Mazzuca; 71 (UP), sad444/GI; 71 (LO), AnaDruga/GI; 72 (CTR), Miguel Rojo/GI; 72 (LO LE), Tim Cuff/Alamy Stock Photo; 72-73 (LO CTR), Marty Melville/AFP/GI; 73 (UP), Photodisc; 73 (LO RT), Pedro Narra/Minden Pictures; 74 (UP), Benny Marty/Alamy Stock Photo; 74 (LO), Feng Yu/SS; 75 (CTR), FabrikaSimf/SS; 75 (LO LE), M. Watson/ARDEA; 75 (LO RT), Eco/UIG/GI; 76 (1), Judy Bellah/GI; 76 (2), Matthew Rakola; 76 (3), Lori Epstein/NG Staff; 76 (4), Zero Creatives/GI; 76 (5), lisafx/GI; 76 (6), imageBROKER/Alamy Stock Photo; 77 (UP), Luca Santilli/SS; 77 (LO), Doug Perrine/Minden Pictures; 78 (UP LE), Visuals Unlimited, Inc./GI; 78 (UP RT), Eco/UIG/GI; 78 (LO), Eco/UIG/GI; 79 (CTR), Brian J. Skerry/National Geographic Creative; 79 (LO), Joel Sartore/National Geographic Creative; 80 (UP), Andy Newman/Florida Keys News Bureau via GI; 80 (LO), Supannee Hickman/SS; 81, Born Free/REX features via AP Photo; 82 (UP), Dmitri Ma/SS; 82 (LO), Zjm7100/Dreamstime; 83 (UP LE), Christophe Cappelli/SS; 83 (UP RT), Georgios Tsichlis/SS; 83 (CTR LE), Brandt Bolding/SS; 83 (CTR RT), Gergana Encheva/SS; 83 (LO LE), ElePhotos/SS; 83 (LO RT), Denis Kabelev/SS; 84-85, Malcolm Schuyl/FLPA/Minden Pictures; 86 (UP), Eve Edelheit; 86 (LO), odd-add/SS; 87 (UP LE), momopixs/SS; 87 (UP RT), Francesco Ocello/SS; 87 (LO), Yvette Cardozo/Alamy Stock Photo; 88, Museums Victoria/Benjamin Healley; 89 (UP), Heidi Pearson/National Geographic Creative; 89 (LO), B.A.E. Inc./Alamy Stock Photo; 90, Courtesy Justine Jackson Ricketts; 91 (LE), Steve Taylor ARPS/Alamy Stock Photo; 91 (RT), Courtesy of Jack Kassewitz; 92 (UP), Brian J. Skerry/National Geographic Creative; 92 (LO), National Archives & Records Administration; 93 (UP), U.S. Navy photo by Mass Communication Specialist 1st Class Bruce Cummins/Released; 93 (LO RT), United States Navy/Barcroft Media/GI; 93 (LO), Brand X; 94 (UP), Louise Murray/Science Source; 94 (CTR), US Navy/Science Source; 94 (LO), Sandy Huffaker/Stringer/GI; 95 (UP), KKG Photo/SS; 95 (LO), Brian J. Skerry/National Geographic Creative; 96 (CTR), Visuals Unlimited, Inc./Louise Murray/GI; 96 (LO), Kletr/SS; 97, Monty Rakusen/GI; 98 (UP LE), Andreas Altenburger/SS; 98 (UP RT), Eve Edelheit; 98 (LO), FloridaStock/SS; 99 (notebook), aopsan/SS; 99 (gps), D_V/SS; 99 (sunscreen), Kraska/SS; 99 (camera), Sashkin/SS; 99 (music), Maximus256/SS; 99 (meter), Rattiya Thongdumhyu/SS; 99 (hat), Anastasios Kandris/SS; 99 (snack), Nattika/SS; 99 (glasses), studiovin/SS; 99 (bottle), pegasusa012/SS; 99 (binoculars), photoDISC; 99 (bag), Pogonici/GI; 100 (UP), João Vianna/GI; 100 (LO), Signature Message/SS; 101 (CTR), William S. Kuta/Alamy Stock Photo; 101 (LO), Vladimirovic/GI; 102 (UP LE), idreamphoto/SS; 102 (UP RT), Tory Kallman/SS; 102 (LO LE), Jordi Chias/naturepl.com/GI; 102 (LO RT), Roi Brooks/Alamy Stock Photo; 103 (LE), Nature/UIG/GI; 103 (RT), Marisa Trego; 104 (UP LE), Image Source/GI; 104 (UP RT), Photodisc; 104 (LO LE), Evan Lorne/SS; 104 (LO RT), Peter Molz/Alamy Stock Photo; 105 (UP), encrier/GI; 105 (LO), Brent Hofacker/SS; 106 (UP), Dmitri Ma/SS; 106 (sunscreen), asiandelight/SS; 106 (cooler), showcake/SS; 106 (gloves), Igorusha/SS; 106 (first aid), Mega Pixel/SS; 106 (bags), photka/SS; 106 (sheet), photastic/SS; 107 (UP), JasonDoiy/GI; 107 (CTR), Klaus Vedfelt/GI; 107 (LO), Arthur Tilley/GI; 108 (LE), Flip Nicklin/Minden Pictures; 108 (LO CTR), Michael Nolan/GI; 108 (RT), Tory Kallman/SS.

献给我的首批水上探险家：布莱恩、卡蒂和朱莉。

——詹妮弗·斯旺森

献给未来的海洋生物学家和为他们提供支持的家人。另外，像往常一样，也献给海豚。

——贾丝廷·杰克逊-里基茨

著作权合同登记号图字：01-2018-4911
图书在版编目（CIP）数据

美国国家地理超级专家.海豚/（美）詹妮弗·斯旺森，（美）贾丝廷·杰克逊-里基茨著；郭筝译.--北京：中国纺织出版社，2019.6
书名原文：Absolute Expert: Dolphins
ISBN 9/8-7-5180-5979-9

Ⅰ.①美… Ⅱ.①詹…②贾…③郭… Ⅲ.①科学知识-青少年读物②海豚-青少年读物 Ⅳ.①Z228.2
②Q959.841-49

中国版本图书馆 CIP 数据核字（2019）第 038820 号

责任编辑：王　慧　　责任印制：储志伟　　责任校对：江思飞
特约编辑：杨晓乐　　美术编辑：吴晓京

中国纺织出版社出版发行
地址：北京市朝阳区百子湾东里 A407 号楼　邮政编码：100124
销售电话：010-87155894　传真：010-87155801
http://www.c-textilep.com
E-mail: faxing@c-textilep.com
官方微博 http://weibo.com/2119887771
北京博海升彩色印刷有限公司印刷　各地新华书店经销
2019 年 6 月第 1 版第 1 次印刷
开本：787×1092　1/16　　印张：7
字数：86 千字　　定价：88.00 元

凡购本书，如有缺页、倒页、脱页，由本社图书营销中心调换

致谢

非常感谢我的编辑们。这本书如此生动有趣，离不开他们的无私奉献和辛勤工作。

——詹妮弗·斯旺森

感谢尤金·V.科塔-罗伯斯奖学金、国家科学基金会、加州大学圣克鲁兹分校、国家地理学会、厄尔·H.迈尔斯博士和埃塞尔·M.迈尔斯海洋学与海洋生物信托基金提供资助，使我得以开展研究、完成研究生阶段的学习。我还要感谢我的学位论文答辩委员会的所有成员——丹·科斯塔博士、艾伦·海因斯博士、艾略特·哈森博士和唐·克罗尔博士。他们是才华横溢的科学家，我的研究工作离不开他们的指导与支持。感谢我的合作者：加州大学圣克鲁兹分校的伊利亚娜·鲁伊斯-库利博士，泰国海洋和海岸资源部的查拉提普·竺科姆普以及协助我们开展野外调查的工作人员，路易莎·庞南帕拉姆博士，阿努克·伊册格库恩，塔拉·惠特迪博士，香农·阿特金森博士，威廉·沃克博士，苏特普·贾朗博士，戴克·安德瑞森博士，以及科林·卡尼博士。他们的帮助不可或缺。我还要感谢我的六年级科学课老师苏珊·米切尔，是她引导我走上了科研的道路。最后，向支持我的家人致以同样真挚的谢意：我的父母、兄弟、丈夫，还有杰克逊和里基茨家族的所有亲人。没有他们的爱与支持，我将无法成为现在的我。

——贾丝廷·杰克逊-里基茨

作者和出版商也要感谢整个图书项目团队：项目编辑谢尔比·阿林斯基，编辑助理凯瑟琳·威廉姆斯，艺术总监阿曼达·拉森，图片编辑莎拉·J.莫克和希拉里·安德鲁斯，以及项目经理格雷斯·希尔·史密斯。